古代歷史文化研究輯刊

二一編

王明蓀 主編

第 22 冊

明代北直隸城市平面形態與建築規制研究（上）

包志禹 著

國家圖書館出版品預行編目資料

明代北直隸城市平面形態與建築規制研究（上）／包志禹 著 ─
初版 ─ 新北市：花木蘭文化事業有限公司，2019〔民 108〕
目 4+152 面；19×26 公分
（古代歷史文化研究輯刊 二一編；第 22 冊）
ISBN 978-986-485-740-1（精裝）
1. 都市建築 2. 建築史 3. 明代
618   108001507

ISBN-978-986-485-740-1

9 789864 857401

古代歷史文化研究輯刊
二一編　第二二冊　　　　　　ISBN：978-986-485-740-1

明代北直隸城市平面形態與建築規制研究（上）

作　　者　包志禹
主　　編　王明蓀
總 編 輯　杜潔祥
副總編輯　楊嘉樂
編　　輯　許郁翎、王筑　美術編輯　陳逸婷
出　　版　花木蘭文化事業有限公司
發 行 人　高小娟
聯絡地址　235 新北市中和區中安街七二號十三樓
　　　　　電話：02-2923-1455／傳眞：02-2923-1452
網　　址　http://www.huamulan.tw 信箱 hml 810518@gmail.com
印　　刷　普羅文化出版廣告事業
初　　版　2019 年 3 月
全書字數　221694 字
定　　價　二一編 49 冊（精裝）台幣 122,000 元　　　　版權所有‧請勿翻印

明代北直隸城市平面形態與建築規制研究（上）

包志禹　著

作者簡介

包志禹

1970 年 4 月出生於浙江杭州。

2003 年 9 月《建築學報》編輯。

2004 ～ 2010 年，清華大學建築學院攻讀建築歷史與理論專業博士學位。

2010 年至今，入職於綠城房地產集團有限公司。

2006 ～ 2007 年參加南水北調中線工程建築景觀規劃之子項沿線文物資源調查與匯總（項目主持：吳良鏞院士；子項主持：王貴祥教授）。

2009 年，中國建築學會評選，《元代府州縣壇壝之制》一文獲得「首屆中國建築史學全國青年學者學術論文」一等獎。

出版譯著多本，《城市之道──向中國學習》（張路峰，包志禹譯，2007 年）、《古典建築的柱式規制》（包志禹譯，王貴祥校，2009 年）、《明天：眞正改革的和平之路》（包志禹、盧健松譯，吳家琦校，2019 年即將出版）。

提　要

　　明代築城活動是明代制度重建下的一環，在明代地方制度的研究中，北直隸城市平面形態與建築規制是以往的建築史研究中相對而言被忽略的一環。本文主要從平面形態與建築規制兩方面，對北直隸府州縣的營建制度進行研究。

　　本文首先探討北直隸城市平面形態。在梳理明代城市與行政區域劃分的基礎上，概述了北直隸府州縣的基本情況。然後結合官方文獻和地方志，著重對洪武朝（1368 ～ 1398 年）和嘉靖朝（1522 ～ 1566 年）的史實作考證與梳理，分爲城池構築之緣起、營建修葺之階段、城市形狀與規模、空間結構與布局四個方面。研究表明，至少明代前中期由於政治和社會現實導致北直隸很多城市長期處於城垣頹圮，甚至沒有城牆的狀態；嘉靖朝修葺城池次數最多，正德朝（1506 ～ 1521）甃砌磚城居首；北直隸城池之規模，基本以府、州、縣遞減，但城市行政等級並不完全決定城池規模等級。

　　然後，本文研究 4 類明代重要官方建築之規制，分別是衙署建築、廟學建築、壇壝建築、城隍廟建築，它們對城市平面形態影響較大；主要按照府城、州城、縣城的等級，分析朝廷頒佈之制度、分佈規律、平面格局以及基址規模等問題，探究這些官方建築與城市平面形態之間的互相影響。研究揭示，隨著子城制度在明代的消失，跟唐宋元相比，明代北直隸城市空間結構中呈現衙署選址的靈活性；洪武朝就確立官府公廨、社稷壇、山川壇、厲壇、城隍廟和文廟之建築規制，嘉靖朝進行局部改制，它們是惟一的明代各府州縣城必有的壇廟。衙署、廟學、城隍廟建築規制等級依府、州、縣變小；城隍廟與其所在城市的治所衙署建築等級與規制一致；各府州縣壇壝爲同一等級與規制。這些行政、祭祀和學校等空間是明代職官體系、祭祀禮制、科舉制度和營建規制，在各府州縣因地制宜地執行和應對之後的產物，隱含一個明代城市平面形態原型，並被清代所傳承，構成明清中國區別於其他國家（民族）城市空間的特徵之一。

　　最後，本文探究北直隸府州縣城池與建築的經費來源，得出雖然各地的建築與城市情形紛繁，但大體都遵循大的朝代背景下的營建制度框架。

目

次

第 1 章　緒　論

　　本文是清華大學建築學院王貴祥教授主持的國家自然科學基金資助項目「明代建城運動與古代城市等級、規制及城市主要建築類型、規模與布局研究」之子項目，項目編號：50778093。

　　長期以來，建築學界對於明代城市的研究主要集中在明中都鳳陽、南京、北京等都城，以及濟南、太原等省府城市，而對於行政等級較低的地方城市如一般的府、州、縣城，給予的關注和系統的研究不多。這些地方城市雖然等級不高，但是分佈範圍遼闊、數量眾多，是明代城市體系的基礎組成部分。對這些地方城市研究的缺乏，是造成對於明代城市與建築認識不夠全面的原因之一。

　　明代築城活動是明代制度重建下的一環，在明代地方制度的研究中，北直隸城市平面形態與建築規制是以往的建築史研究中相對而言被忽略的一環；北直隸處於拱衛京師之地，有其特殊性，而且是北方城市的樣本，本文主要從平面形態與建築規制兩方面，對北直隸地方府州縣的營建制度進行研究。

1.1　選題

　　元至正十七年（1357 年）〔註 1〕，徽州休寧人朱陞進言朱元璋：「高築牆，

〔註 1〕　清文淵閣《四庫全書》版，〔清〕沈佳，《明儒言行錄續編卷一》，第 35 頁：「朱升，楓林先生，字允升，南直休寧人。國初以徵，起授翰林學士。初師陳櫟，剖擊問難多所發明，櫟深器之。至正癸未（1343 年）偕趙汸從黃楚望講道，

—1—

廣積糧，緩稱王」〔註2〕，被採納。之後，朱元璋部發展生產，且耕且戰，為軍需奠定基礎，發出了拉開城池修建序幕的信號。這場肇始於元末明初，並貫穿有明一代的大規模城池構築活動，影響了自明代以降中國行政區劃的層次、幅員、邊界和行政中心的格局。

明朝是繼蒙古統治之後而建立的，有明一代一直受到北方邊患的困擾。縱觀明代歷史，無論是建文朝之靖難之役，還是永樂朝開始對北方蒙古進行長距離的戰略性出擊以及隨後的數次蒙古之役；無論是倭寇對東南沿海的侵襲，還是明中葉之後建州後金政權對明朝的威脅；無論是叛服無常的南蠻與西南蠻讓明王朝屢屢捲入麓川之戰一類的局部戰役，還是由於民眾不滿過重的稅賦和徭役，以及對佃農的盤剝等等引發的農民起義，這些持續的游牧民族與農耕社會之間的衝突、內憂外患和社會動盪貫穿明代，加之前朝元代「墮名城」之鑒，為了守護家園和長久立足，對外防止游牧騎兵越界掠奪或入主中原，明代持續地在北直隸地區的北部一帶修建軍事屏障——長城，而在長城以南地區，則是修建城池，相應地帶來了城

明年歸，作經書傍注，登鄉貢進士。戊子（1348年）授池州學正，以身立教，士皆興起，秩滿歸。蘄、黃兵至徽，避兵奔竄，往往閉戶，著述不輟。丁酉（1357年）大明兵下徽，被旨召見。上問之，對曰：『高築牆，廣積糧，緩稱王。』上嘉其樸，遂參卯議，尋辭歸。吳元年，微拜侍講學士，知誥詔，同修國史……學者稱為楓林先生，著有《易》《書》《詩》《周禮》《儀禮》《禮記》《孝經》《四書》小學旁注及書傳補輯諸書傳解行於世。」

另參見，〔清〕谷應泰，《明史紀事本末》卷二，平定東南：「甲子（1324年），自率常遇春等兵十萬，往征之，由寧國道徽州，召儒士唐仲實姚璉等諸時務，訪治道，問民疾苦，聞前學士朱升名，召問之，對曰，高築牆、廣積糧、緩稱王。太祖悅，命參帷幄。」

並參見，〔萬曆〕《學士朱升傳》，朱升《朱楓林集》卷九：元至正十七年（1357），朱元璋親訪朱升，「命預帷幄密議，所居梅花初月樓，上親蒞宸翰賜焉。」

〔註2〕《明史》，卷136，列傳第二十四：「朱升，字允升，休寧人。元末舉鄉薦，為池州學正，講授有法。蘄、黃盜起，棄官隱石門。數避兵逋竄，卒未嘗一日廢學。太祖下徽州，以鄧愈薦，召問時務。對曰：『高築牆，廣積糧，緩稱王。』太祖善之。吳元年，授侍講學士，知制誥，同修國史。以年老，特免朝謁。洪武元年進翰林學士，定宗廟時享齋戒之禮。尋命與諸儒修《女誡》，採古賢后妃事可法者編上之。大封功臣，製詞多升撰，時稱典核。逾年，請老歸，卒年七十二。」另參見：〔清〕徐乾學，《資治通鑑後編》卷一百七十八：「又聞前學士朱升名，召問之，對曰，高築牆、廣積糧、緩稱王。平章悅。命參帷幄。」

市建設。火炮等熱兵器的出現，在一定程度上也促使明代大規模地建造磚築城垣，或對各地既有的土築城垣用磚加以全面地整砌。如此大規模地營建城池，形成了一個連綿數百年的建城運動，甚至一直連綿至清代的康熙朝、雍正朝、乾隆朝，20 世紀初依然留存可見，遍佈中國各地的大大小小千餘座磚築城池，大都是在明代初葉起興建，並在明代 277 年間與清代的前中期得以反覆修葺。

　　明朝建立了一系列的典章規制，其中以洪武朝和嘉靖朝尤爲突出。洪武朝所創立的建築規制奠定了明清建築制度基礎，從宋元到明清建築制度上的很多變化都肇始於此次規範，本文試圖從建築制度源流和城市實例入手探討北直隸的城市平面形態與建築規制。明清兩朝的建築制度雖然有明確的沿襲關係，彼此相像，而且現在所見的古代城市和建築的遺存多屬於這一期，但是明、清兩朝城市與建築卻並不完全相同，例如明清兩朝官方對於文廟建築中孔廟與敬一亭的態度與最後的實施結果。

　　正是以上特點，凸顯了明代北直隸城市研究的獨特價值。探討明代北直隸城市的平面形態、空間格局、建築規制與規劃原則，不僅將塡補明代北直隸一般府、州、縣這一級城市營建與建築空間研究的空白，而且有助我們瞭解明代建城運動中的城市與建築的規模、等級、類型等的分佈情況，分析其中是否存在或者反映某種制度設計和安排，究竟是因襲了營造的習慣做法，還是大眾的選擇，或則是自發形成的結果，以期對明代城市與建築的認識有所推進。

1.2　研究的對象與時間範圍

1.2.1　研究的對象

　　本文的研究對象是明代北直隸的府州縣城市平面形態、建築規制和空間格局，詳於地方城市而略於順天府所轄範圍的城市。明朝實行兩京制，南北兩京各設有一套中央機構，在南、北兩京畿輔設置府、州、縣等行政機構。南京畿輔有應天府、鳳陽府、蘇州府、松江府、常州府、鎮江府、揚州府、淮安府、廬州府、安慶府、太平府、寧國府、池州府、徽州府、廣德州、和

州、滁州、徐州 14 府、4 直隸州，稱南直隸。其中應天府不稱直隸〔註 3〕，而稱京府。

北京畿輔有順天府、永平府、保定府、河間府、眞定府、順德府、廣平府、大名府、延慶州、保安州等 8 府、2 直隸州、17 屬州、116 縣，稱北直隸；其中「順天府在輦轂之下，與內諸司相頡頏，不以直隸稱」〔註 4〕，而稱之爲京府。事實上，明朝從永樂年間到明末，北直隸的行政建置是有變化的（圖 1.1），其轄域並不等於清代的北京畿輔地區（圖 1.2），但這種行政區劃的變化大體上無礙本研究的展開與探討。

例如，《皇明泳化類編・卷 81・都邑卷》記載延慶州：「慶源州，編戶二，十六里，先是爲龍慶州，龍慶衛即元之龍慶州也，後廢。永樂十年（1412 年），詔復置州，仍曰龍慶，直隸京師。至隆慶元年（1567 年），以名稱相同遂改今名，而衛稱延慶衛云所屬。」〔註 5〕北直隸轄區的沿革狀況，對於系統瞭解和探討這一地區城市變遷的基本情況和發展狀況是必要的，範圍大致在今河北省大部、北京市、天津市、河南省及山東部分地區。

一方面，城市的平面形態和空間格局是比較複雜的概念。本文將平面形態分爲城市和建築類型兩部分：城市形狀、結構與規模，以及城市的重要建築物，包括城市的城池、衙署、廟學、壇壝、廟宇等。另一方面，本文論述的空間格局有別於社會學、地理學中根據經濟、政治等確立的人群階層在社會空間中的分佈和格局，只是在建築學上的空間意義，諸如城市平面形狀、城樓、城牆等的布局。

〔註 3〕 〔明〕鄧球，皇明泳化類編，卷 80，都邑卷：「疆理南畿之地，而置府曰鳳陽，曰蘇州，曰松江，曰常州，曰鎮江，曰徽州，曰寧國，曰池州，曰太平，曰廬州，曰淮安，曰揚州，曰安慶；州曰廣德，曰和州，曰滁州，曰徐州，俱稱直隸，不轄應天府也。」北京圖書館古籍出版編輯組編，北京圖書館古籍珍本叢刊（據明隆慶刻本影印），卷 50，北京：書目文獻出版社，1989，865。

〔註 4〕 〔清〕張廷玉等撰，明史，卷 40 志第 16，地理一。

〔註 5〕 〔明〕鄧球，皇明泳化類編，卷 81，都邑卷：「慶源州，編戶二，十六里，先是爲龍慶州，龍慶衛即元之龍慶州也，後廢。永樂十年（1412 年），詔復置州，仍曰龍慶，直隸京師。至隆慶元年（1567 年），以名稱相同遂改今名，而衛稱延慶衛云所屬。」北京圖書館古籍出版編輯組編，北京圖書館古籍珍本叢刊（據明隆慶刻本影印），卷 50，北京：書目文獻出版社，1989：869。

另參見〔清〕孫承澤，天府廣記，卷 2，府縣治，北京：北京古籍出版社，1984。

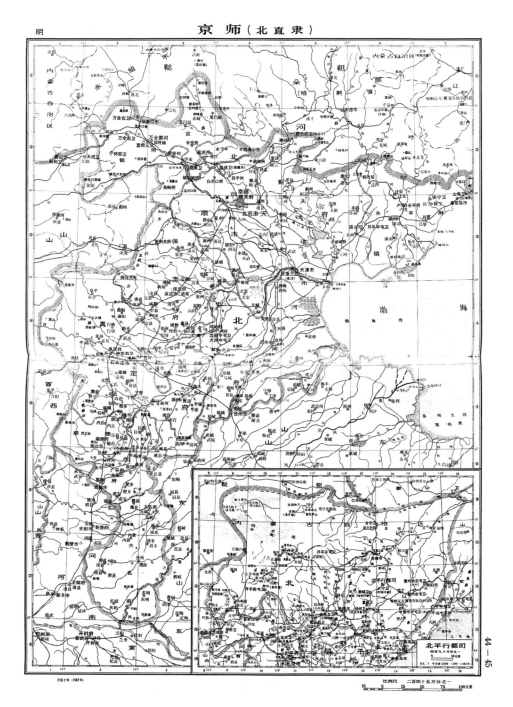

圖 1.1　萬曆十年（1582 年）北直隸

（圖片來源：譚其驤主編，中國歷史地圖集第七冊，北京：地圖出版社，1982：44～45）

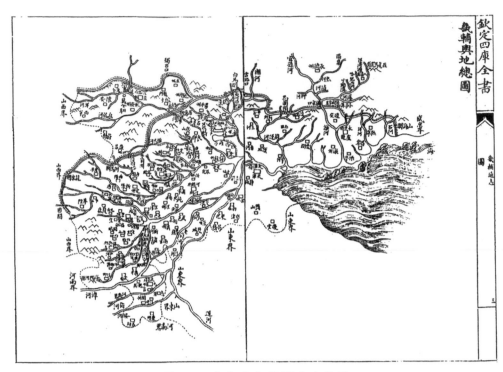

圖 1.2　清代北京畿輔輿地總圖

（圖片來源：清文淵閣《四庫全書》版，《畿輔通志》畿輔輿地全圖卷，第 1～2 頁）

　　明代北直隸城市平面形態研究主要包括城市形狀產生的原因，對於規則形狀如方形、圓形等城市與不規則形狀城市的幾種典型形式作比較，探討在自然地理的主導因素下，那些可以想像和探究的人文因素例如禮制、象徵性和軍事防禦等因素是如何影響了明代北直隸城市的選型，選取正德年間大名城作為個案來剖析。其中平面形狀研究主要討論明代北直隸城市的基本路網結構，例如十字形、井字型街道及其變化形式，探討了城市的主要職能建築類型的方位布局及其折射的文化內涵，並且與中國南方尤其是南直隸一些城市的比較中，找尋其特點。明代北直隸城市的基址規模研究主要將明代北直隸城市分成規模等級，對於城市規模與尺度進行分析，梳理北直隸城市的城池遷徙、規模變化、建置興廢等情形，檢視城市的布局選址與京師之間的地理和行政關係。

　　明代北直隸城市的城牆研究涉及城牆及其不可或缺的城樓建築，並就城牆本身的建造作了比較，並對營建機制、經費來源、人員構成等進行探討。衙署建築研究包括對於府衙、州衙、縣衙的建築群進行平面格局分析，選取

有代表性的衙署個案進行剖析。廟學建築研究包括文廟的基本平面規制分析，其在城市中的布局方位，並就府學、州學、縣學文廟進行平面格局分析。壇壝則從建築與城市規劃的角度，研究政治和禮制如何影響了北直隸城市的壇壝制度，即社稷壇、山川壇、厲壇的形制與城市格局的關係，並從明代中國的一般府州縣的壇壝比較中，揭示或靠近一個明代城市營建體系的局部事實，還原一些建築歷史的概貌和細節。明代北直隸城市的壇廟建築可以分作官方祠廟和民間祠廟，本文選取了官方祠廟的典型即城隍廟作了剖析。最後，就明代府州縣城池與建築的經費來源做分析。

1.2.2 研究時間範圍

本文的研究時段限定在一般意義上的傳統明代，即 1368～1644 年，偶而也會不可避免地上溯元代與下探清代。需要說明的是，1644～1662 年明朝的餘部南明在緬甸被終結，其時距清軍於 1644 年入關已幾近 20 年，這一時段對於本文並無太大關係，因此沒有列在探討範圍之內。明代的歷史跨度較大，在此期間，城市與建築也相應地經歷了一個變化過程，明洪武朝，北畿輔的城市營建比南畿輔來得緩慢，永樂朝前後，北直隸地方府州縣的城市營建開始加快，嘉靖朝之後，城市格局完備。

1.3 研究方法與資料

1.3.1 研究方法

本文的研究方法之一是對北直隸城市實地調研。由於歷史原因，明代北直隸多數城市的傳統街區與建築已經發生很大的變化，但是少數城市的中心區仍保留了街道的大體格局，具有相當的參考和研究價值，例如明代的廣平府城即今河北省永年縣永年古城，以及明代的大名府即今河北省大名縣古城，它們不僅保留了城牆，而且保留下了城市的基本格局，此外，明代的定州府城即今河北省定州也保留了明代城市的部分格局，尤其是城市南部的「目」字型城牆。

本文的研究方法之二是依據文史的文字資料與圖像資料的相互比較。在實地測繪和考古學資料匱乏的情形下，重要的研究依據是明代地方志，間或也會參考清代的地方志。從建築學的角度來思考，歷史的圖像資料是不可或缺的，而歷史圖像資料的來源也主要是明代方志中的輿圖，以及歷史地圖。

其中必然涉及的問題之一是：這些圖像在多大程度上是可靠的？問題之二是這一問題的延伸：是誰在何時繪製了這些圖像？提出這些問題比回答它們要容易，所以，我們通過方志插圖所可能得出的任何結論都需要小心翼翼。通過比對，本文發現了一些方志中的文字和插圖並不相符的情形，所以在必要的時候借由史學界的研究成果來校正和推進，有利的一面是學術界對於明史的研究成果，在某些時候能夠使得本文的這種必要的自省和推敲得以進行。

1.3.2 研究資料

本文的文字和圖像的第一手研究資料和素材是以明代北直隸地方志為中心、以清代《畿輔通志》為輔的古代官方文獻；第二手素材是以考古資料為基礎的現代研究成果。史料取材以地方志、明人文集與儒學內的建築設施有關之碑記為主。

在更為宏觀的層面上，僅就可以構成原始資料的關於明代歷史著述就浩如煙海。按照中國傳統分類方法的史部所列入的著述，明清兩代官修書籍是比較多的，涉及北直隸尤其是北京營繕的著述，或為實錄，或為政書，或為正史，或為方志。民間則有明清筆記小說類的書籍。諸如官修史書《明實錄》、《明會典》和《明史》等，私人或半官方編寫的與紀傳體正史類似的別史，以及官修的和私人撰述的編年史如《罪惟錄》、《國榷》等，還有紀事本末體史書、大多限於一個時期或某件事情的雜史、皇帝和大臣的詔令奏議彙編、傳記、職官志、證書、地理志，再加上一些分列在兵家類的有關軍事和邊防的著述，還有分列在雜家或小說類的政書等，它們為本文的研究奠定了文史基礎。

這些著述雖然互相映照，其中官方文獻基本可歸入信史，屬於基礎史料，因為諸書的具體編纂情形各異，又各有區別。例如，原來的皇家檔案，後流傳民間，輾轉傳抄之間錯訛滋生者如明代《實錄》；有因原牘軼失凋零，輯錄未謹而衍存其謬誤者，若《永樂大典》和《會典》；有後人表述前代史事，由於裁剪失宜，或避諱莫深，或文過飾非，或精詳未當而難以盡取為憑者，如《明史》；還有因識斷有異，不免以偏概全而總閱難稱精覈者，若《順天府志》、《畿輔通志》等等，所以考鏡源流尤為重要。研究材料有牴牾之處，一般依據材料越古越可信的大體原則，小心求證，釐清孰是孰非。

由於國內外現存的明代北直隸地方志並不完備，只能依據這些地方志與

實地調研印證，所以，雖然本文論述的是明朝北直隸，但是在各府州縣城市的時段上，所依據的地方志是有朝代差異的，其中以嘉靖朝的地方志居多，萬曆朝的地方志居次。

1.4　相關研究回顧

在中國古代城市營建制度的研究中，對於地方制度的研究是一個薄弱環節，明代城市與建築制度史方向的研究也同樣如此。近來這方面的研究日益受到重視，出現了不少有價值的新成果。

1.4.1　關於中國古代城市營建制度

20 世紀以來海內外學者陸續發表了一批著述。〔註 6〕雖然這些關於城市營建制度研究的成果的絕對數量達到了約百種，但是相對於長達一個世紀的時間，相對於地方城市與鄉鎮長達兩千餘年的歷史，相對於地方城市豐富的內容和眾多的未解之謎，上面這個數字仍然可以說是微不足道的。總的看來，迄今關於中國古代城市營建制度的研究，尤其是地方城市的營建制度，基本上是孤立和零散的，難以形成整體連貫的中國古代城市營建制度變遷的知識譜系與圖像。就各種斷代史的研究來說，關於城市營建制度的某一側面或某一局部的研究居多，系統性的著作比較少。明、清兩代由於資料的豐富和與近代社會的切近程度，在對都城和單體建築的研究相對其他各代取得了更多的突破，而尤以清代為多。

董鑒泓主編的《中國城市建設史》（中國建築工業出版社，1982）是一部通史性教材（高校城市規劃專業指導委員會規劃推薦教材），對中國古代及近代城市發展的分期、類型的劃分、社會經濟的背景與發展、布局的演變等作

〔註 6〕　根據能翻閱檢索到的目錄和資料，關於中國古代的城市營建制度的通論性著述有，陳橋驛主編《中國運河開發史》（中華書局，2008），汪德華編著《中國古代城市規劃文化思想》（中國城市出版社，1997 年）；關於中國近代區域城市史的研究有張仲禮主編《近代上海城市研究》（上海人民出版社，1900），唐振常主編《上海史》（上海人民出版社，1989），羅澍偉主編《近代天津城市史》（中國社會科學出版社，1993），隗瀛濤主編《近代重慶城市史》（四川大學出版社，1991），皮明庥主編《近代武漢城市史》（中國社會科學出版社，1993），何一民《中國城市史綱》（四川大學出版社，1994），傅崇蘭《中國運河城市發展史》（四川人民出版社，1985），徐亦農《時空經緯中的中國城市：蘇州城市形態的發展》（夏威夷大學出版社，2000）等。

了全面的論述，1984 年臺灣明文書局翻印出版，並被臺灣一些大學用作教材，該書實際上為海峽兩岸關於中國城建史的第一部專著，並隨著學科研究的深入，作了後續兩版的修訂。書中探討了城市布局、道路系統、居住坊里、商肆等的規律，基本反映了中國規劃史學界對於中國城市發展歷史的大體認知水準。雖然全書借鑒了現代考古學和史學研究的部分成果，但是全書亦有不足，其一，未對中國古代規劃的思想史作出表述，古代文獻的挖掘尚有待深入，其二，全書時代劃分因循這馬克思主義學派的分類，對城市源流變遷的論述過於簡單，這其實也是由於第一點不足埋下的種子，例如把明清城市幾乎不加分別地視作一個時期的產物。

賀業鉅《中國古代城市規劃史》（中國建築工業出版社，1996）探討華夏城市規劃體系之形成及其傳統的發展。書中按照歷史發展進程詳細論述了中國古代各時期區域規劃和城市規劃的內容、基本特徵、規劃理論、規劃制度等；還對中國古代城市規劃產生的政治、經濟背景和意識形態影響作了相應的闡述，分析了各個時期若干有代表性的城市規劃實例並加以論證。內容分上、下兩卷，上卷包括：導論、原始社會氏族公社聚落規劃和奴隸都邑規劃三章，下卷包括：前期封建社會城市規劃、中期封建社會城市規劃、後期封建社會城市規劃三章。但是全書線條略顯粗疏，並由於缺乏引注而削弱了其論點的可信度。

莊林德、張京祥《中國城市發展與建設史》（東南大學出版社，2002年）同樣是一本通史性教材（高等學校城市規劃專業系列教材），該書內容從古迄今為止共分八章，系統地闡述了中國城市發展與建設史：從中國城市的產生、形成一直闡述到 20 世紀末，分別對各不同歷史時期中國城市發展與建設的背景、特點，重要和典型城市的建設布局、功能演變等作了較詳盡的歸納與提示。全書的貢獻在於對近代和 1949 年之後 50 年中國城市的發展與變化、成都市規劃與建設等作了較全面的闡明，最後還對中國城市今後的發展作了展望。但是全書在中國古代城市規劃思想根源的探討上，較前述著作幾無進展。

楊寬《中國古代都城制度史研究》（上海古籍出版社，1993）〔註7〕一書以文獻資料結合豐富的考古發掘成果，並經過多次的實地考察，系統地研究論證了中國古代都城及其制度的發展演變，其中多所創見。作者認為先秦到

〔註 7〕 該書還有一個上海人民出版社 2003 年版本。

唐代是實行封閉式都城制度的歷史階段，在西漢、東漢之際，都城制度發生了一次重大變化，整個都城的格局由「坐西朝東」變爲「坐北朝南」，在唐宋之際，都城制度發生了又一次更大的變化，即由封閉式變成了開放式，這是由都城人口的急劇增長、社會經濟的發展而引起的變化。

另外，教材《中國建築史》的第二章《城市建設》由潘谷西先生編寫（中國建築工業出版社，1983），對於漢代至明清的都城建設，以及地方城市如南宋平江府、清代巴縣（重慶）做了概述。吳慶洲《中國古代城市防洪研究》（中國建築工業出版社，1995）對於城市的防洪體系做了研究。張弓《中國古代城市設計山水限定因素考量：以承德、南京爲例》提出山水因素影響中國古代城市設計的六個方面：選址、軸線定位、尺度控制、角度控制、對景控制和建築群組形體控制。

傅崇蘭、白晨曦、曹文明等著《中國城市發展史》（社會科學文獻出版社，2009）從中國城市產生和發展時間、空間、經濟社會變革的動態過程和特點，闡述了中國城市與中華文明的關係，主要由城市社會、城市建築、城市居住、城市活動場所演變史四部分組成。

國外文獻論著數量眾多，中譯本例如《中華帝國晚期的城市》[註8]、《城市發展史——起源、演變和前景》[註9]、《城市的形成》[註10]、《城之理念》[註11]等都提到了中國古代城市與建築，帶給讀者許多新的視角。

1.4.2　關於中國古代城市平面形態

迄今爲止，對於中國古代城市平面形態和空間格局的認知大多來源於一些重要城市（特別是都城）的個案研究，以及因此而生發的並以觀察資料爲基礎的一些概括性描述。對於明代城市平面形態的研究目前國內尚沒有專著，相關的研究散見於爲數不多的通史性中國古代城市史和建築史著作，以

[註8] 〔美〕施堅雅（G. William Skinner）主編，中華帝國晚期的城市〔M〕，葉光庭等譯，陳橋驛校，北京：中國書局，2000 年 12 月。

[註9] 〔美〕劉易斯‧芒福德（Lewis Mumford），城市發展史——起源、演變和前景〔M〕，宋俊嶺，倪文彥譯，北京：中國建築工業出版社，2005。

[註10] 〔美〕斯皮羅‧科斯托夫（Spiro Kostof），城市的形成——歷史進程中的城市模式和城市意義〔M〕，單皓譯，北京：中國建築工業出版社，2005。

[註11] 〔美〕約瑟夫‧里克沃特（Joseph Rykwert），城之理念——有關羅馬、意大利及古代世界的城市形態人類學〔M〕，劉東洋譯，北京：中國建築工業出版社，2006。

及一些學術期刊的斷代史論文和學位論文。李德華《明代山東城市平面與建築規制研究》和本文的研究方向一致，給予本文很多啓迪。

　　在前人學者的筆下，中國的古代城市一般被描述爲四周由夯築、石砌或磚甃的城牆環繞，個別城市有二重至三重城牆如北宋開封，章生道的《城治的形態與結構研究》這樣描述：「在多數情況下，建造第二道城牆是爲了把城市防禦系統擴大到在原有城牆外發展起來的聚落。具有兩道城牆的城市，大部分是省會或高級行政首府以及戰略上具有重要地位的邊寨城鎮。沒有講究第二道城牆的其他重要城市，往往在城門口築有呈半圓形或矩形的甕城」〔註12〕；城牆四周開有三四至七八個城門，其中三個或多於八個城門的城市雖有但不多，如明朝重慶的九開八閉十七座城門，陳正祥的《中國文化地理》這樣描述：「城門的多少，視城的規模形制、行政等級以及商業和交通的情況而定。普通的城，特別是縣城，只有四個城門，也就是城的每邊開一個，開在城的正中。城門常取有文雅的名稱，很容易從地方志上查出來」〔註13〕；城牆外通常有護城河，護城河卻並不一定環繞城牆，往往因地制宜地借助自然河流作爲城壕，靠山體的部分或多不作掘壕，如明朝貴陽，因爲築城所需土方大多通過掘壕獲得，所以夯築城垣和挖掘城壕常同時進行；城郭外形通常呈正方形或長方形，個別呈現圓形，如明朝嘉靖三十二年（1553）的上海縣城；或不規則的異形，如明朝南京；城的規模（儘管有人口、稅賦等衡量視角，通常用城牆的周長）雖然因城的行政等級而異，但一般較大，「城內土地面積到達一兩方公里是很平常的事，這和歐洲及日本等處的城堡大不相同。」〔註14〕

　　有些學者如美國的牟復禮（F. A. Mote）在《元末明初時期南京的變遷》中注意到：城內不僅包括各種官署、衙門、民居，還有大片空地，如農田、園圃、山林、川泉〔註15〕；城市格局則受到行政職能和街道布局的制約：主要交通往往是通向城門的道路，府州城一般每邊開二門，乾道成井字型，如

〔註12〕 章生道，城治的形態與結構研究。〔美〕施堅雅（G. William Skinner）主編，中華帝國晚期的城市〔M〕，葉光庭等譯，陳橋驛校，北京：中國書局，2000年12月：第88頁。

〔註13〕 陳正祥，中國文化地理〔M〕，北京：三聯書店，1983年：第79頁。

〔註14〕 陳正祥，中國文化地理〔M〕，北京：三聯書店，1983年：第59頁。

〔註15〕 牟復禮（F. A. Mote），元末明初時期南京的變遷。〔美〕施堅雅（G. William Skinner）主編，中華帝國晚期的城市〔M〕，葉光庭等譯，陳橋驛校，北京：中國書局，2000年12月：第156頁。

河南安陽〔註 16〕，方城十字街是一般中小城市的典型形態，地形較複雜的山丘地區空間形態比較自由，縣城鐘樓鼓樓常位於正中央或十字路口附近〔註 17〕，衙門廨署等公共建築大多位於城的中北部〔註 18〕，孔廟、貢院、城隍廟等位於行政城市的中心附近，美國學者芮沃壽在《中國城市的宇宙論》中寫道：「非官屬的廟宇雖然可以配置在城內外任何地方，但主要是被安排在優越的地點。」〔註 19〕

　　毋庸置疑，上述描述是建立在大量的歷史文獻記載、實地觀察與細心研究基礎之上的，揭示了歷史事實的主要方面。但是，其中一些概括性的引申由於忽略了一些顯而易見的事實——例如從明代地方志來看，至少明代前中期由於政治和社會現實導致的北直隸很多城市長期處於城垣頹圮，甚至沒有城牆的狀態，例如北直隸廣平府的曲周縣直至明代成化四年（1468）才開始奉命修建城牆〔註 20〕，順德府沙河縣遲至弘治十八年（1505）才修葺：「舊土城，先是嘗罹水患，居民苦之，暫移城於山西小屯地方，明弘治十八年，仍遷還舊地，知縣事張瑾重加展築。周圍五里二十步有奇，高三丈，廣一丈有奇，南北二門，池深二丈，闊如之。」〔註 21〕；或者為了作出更一般意義上的比較陳述和概括，而使用有利於結論的材料，部分地減弱了其論點的解釋力度。例如耶魯大學芮沃壽（Arthur F. Wright）在《中國城市的宇宙論》為了論證「縱觀中國城市建設的漫長歷史，我們發現在城址選擇和城市規劃上，存在著一種古老而繁瑣的象徵主義，在世事的滄桑變遷中始終不變地沿傳下來」〔註 22〕的觀點，雖然這

〔註 16〕　董鑒泓主編，中國城市建設史〔M〕，北京：中國建築工業出版社，2004：第237 頁。

〔註 17〕　陳正祥，中國文化地理〔M〕，北京：三聯書店，1983 年：第 80 頁。

〔註 18〕　章生道，城治的形態與結構研究。〔美〕施堅雅（G. William Skinner）主編，中華帝國晚期的城市〔M〕，葉光庭等譯，陳橋驛校，北京：中國書局，2000年 12 月：第 106 頁。

〔註 19〕　章生道，城治的形態與結構研究。〔美〕施堅雅（G. William Skinner）主編，中華帝國晚期的城市〔M〕，葉光庭等譯，陳橋驛校，北京：中國書局，2000年 12 月：第 107 頁。

〔註 20〕　（明）翁相修，（明）陳棐纂，（明嘉靖庚戌年）廣平府志（十六卷），卷一·封域志明嘉靖二十九年（庚戌 1550 年）刻本，《天一閣藏明代地方志選刊》，上海：上海古籍書店影印，1963：9。

〔註 21〕　清文淵閣《四庫全書》版，《畿輔通志》卷二十五，第 34 頁。

〔註 22〕　芮沃壽，中國城市的宇宙論。〔美〕施堅雅（G. William Skinner）主編，中華帝國晚期的城市〔M〕，葉光庭等譯，陳橋驛校，北京：中國書局，2000 年12 月：第 37 頁。

個關於中國傳統延續性的觀點大體不謬，但是由於在文中僅僅選取了漢長安、唐長安、北宋開封、南宋杭州與明北京等都城作爲研究對象，缺乏對於行政等級更低的城市諸如府州縣城的考察。個中原因，如果不是有意識地視而不見，就是因爲可獲得的文獻與相關研究材料的匱乏。〔註23〕

　　國內外最著名的研究除了上文提到的施堅雅、芮沃壽、章生道、斯波義信等人的論著外，還可以舉出斯皮羅·科斯托夫（Spiro Kostof）《城市的形成——歷史進程中的城市模式和城市意義》；劉易斯·芒福德（Lewis Mumford）《城市發展史——起源、演變和前景》；加藤繁《宋代都市的發展》；斯波義信《城市化的局面和事例》等。對於這個領域的最新研究是成一農的《古代城市形態研究方法新探》（社會科學文獻出版社，2009 年）。中國學者對典型城市的個案研究，其中以例如陳正祥《中國文化地理》（北京三聯書店，1983年）、馬正林《中國城市歷史地理》（山東教育出版社，1998 年）等著述較有影響，成果較多，不一一枚舉。〔註24〕

　　上述認識的文獻依據主要有三個方面：

　　（1）以地方志爲中心的古代官方文獻。中國的地方志，卷首按體例一般附有城池圖（也有一些地方志缺圖），詳細的地方志甚至有察院、儒學等圖，而且幾乎每一種地方志都有關於疆域、城池、署舍、廟宇、寺觀、學校、壇壝以及城內街衢等的詳細記載，這是研究城市空間格局的主要依據。然而一個醒目的事實是，在城池圖上基本看不到跟日常生活相關的民居和勾欄瓦肆等商業活動空間的標注或示意，「出於對權力機構的重視以及這些權力與信仰設施所具有的顯而易見的象徵意義，在歷史文獻中，城池、官署等權利設施的地位、作用乃至其空間形態都被明顯地誇大了。關於這一點，我們只要注

〔註23〕　一則旁證：「簡言之，似乎可以有把握地斷言：有關中國城市以及一般地有關舊中國的可資參考的英文資料是太有限了，無以支持雄心過大的集大成者展翅高飛。」參閱牟復禮（F. A. Mote），元末明初時期南京的變遷。〔美〕施堅雅（G. William Skinner）主編，中華帝國晚期的城市〔M〕，葉光庭等譯，陳橋驛校，北京：中國書局，2000 年 12 月：第 122 頁。

〔註24〕　斯皮羅·科斯托夫（Spiro Kostof）《城市的形成——歷史進程中的城市模式和城市意義》，單皓譯，北京：中國建築工業出版社，2005 年；劉易斯·芒福德（Lewis Mumford）《城市發展史——起源、演變和前景》，宋俊嶺，倪文彥譯，北京：中國建築工業出版社，2005 年；加藤繁《宋代都市的反展》（載所著《中國經濟史考證》第一卷，吳傑譯，北京：商務印書館，1959 年，第 240～277頁）；斯波義信《城市化的局面和事例》（載所著《宋代江南經濟史研究》，方鍵，何忠禮譯，南京：江蘇人民出版社，2001 年，第 291～374 頁）等。

意一下各種地方志所附地圖中城池在輿地圖上以及官廨衙署在城池圖上所佔據的完全不成比例的空間位置，就會留下深刻的印象。這種文字記載與古地圖對城池的強調與誇大強化了中國古代城市『爲城牆所環繞』的特徵及其作爲軍政中心的政治控制功能，相應地，也就引導人們忽視了某些細節，比如城牆外街區的存在以及城市的其他商業經濟功能。」〔註25〕

　　斯波義信指出：在傳統中華帝國殘存下來有限的與城市有關的資料中，大多都帶有濃厚的「官尊民卑」的色彩。〔註26〕葛兆光在論述中國古代思想史時把地圖作爲一種重要素材，認爲空間性的地圖在被繪製出來的過程中，已經融入了繪製者的視覺、感受和歷史性觀念。〔註27〕美國明史學者范德（Edward L. Farmer）《圖繪明代中國：明代地方志插圖研究》一文從帝國權力與文化建構的角度對明代方志插圖與地方文化的關係做了詮釋：「我們通過研究方志插圖所可能得出的任何結論都需要經由我們對那些繪製插圖的人所知甚少這種自知之明加以冷卻……方志提供的地方圖景顯然已被學者們和下令刊行方志的官員們的關注點、預設和價值觀所塗抹。」〔註28〕

　　（2）早期來中國的傳教士及其他西方人士的著述中有關中國城市的描述。關於傳教士（如利瑪竇和 Magaillans〔註29〕）的著作和通信如何打開了中西方文化交流的窗口，以至於伏爾泰、盧梭、孟德斯鳩等一代哲人對中國政

〔註25〕　魯西奇，山城及其河街：明清時期鄖陽府、縣城的形態與空間結構。陝西師範大學西北歷史環境與經濟社會發展研究中心編，歷史環境與文明演進——2004 年歷史地理國際學術研討會論文集〔C〕，北京：商務印書館，2005 年：第 539 頁。

〔註26〕　斯波義信，宋都杭州的城市生態。歷史地理（第 6 輯），上海：上海人民出版社，1988 年。

〔註27〕　葛兆光，思想史的寫法——中國思想史導論〔M〕，上海：復旦大學出版社，2004：第 143 頁。

〔註28〕　參閱〔美〕范德（Edward L. Farmer），圖繪明代中國：明代地方志插圖研究，吳莉葦譯，張國剛主編，中國社會歷史評論（第 2 卷），天津：天津古籍出版社，2000 年：第 2～12 頁。

〔註29〕　葡萄牙語 Gabriel de Magalhanes 亦拼寫做法語 Magaillans，即安文思（1609～1677 年），字景明，葡萄牙人。明崇禎十三年（1640 年）來華，先在杭州傳教，後於崇禎十五年（1642 年）入四川協助意大利籍利類思神父（Lodovico Buglio，1606～1682）傳教，著作有：《中國新史》（A New History of the Empire of China，英文版），倫敦：1689 年。參閱〔意〕利類思著，安文思傳略。〔葡〕安文思，中國新史，何高濟，李申譯，鄭州：大象出版社，2004 年：第 7、178～187 頁。

治制度也讚揚有加，進而影響了英國、法國的制度等等，學界已所敘甚詳；布羅代爾（Fernand Braudel）〔註30〕和馬克斯‧韋伯（Max Weber）關於中國古代城市特點的論述時主要依靠的也是這些資料，譬如「城市在這裡——基本上——是行政管理的理性產物，城市的形式本身就是最好的說明。首先有柵欄或牆，然後弄來與被圍起來的場地相比不太充分的居民，常常是強制性的，而且隨著改朝換代，如同在埃及一樣，或者要遷都，或者改變首都的名字。」〔註31〕

再如馬可‧波羅記汗八里城（即元大都）：「此城之廣袤，說如下方，周圍二十四哩，其形正方，由是每方各有六哩。環以土牆，牆根厚十步，然愈高愈削，牆頭僅厚三步，遍築女牆，女牆色白，牆高十步。全城有十二門，各門之上有一大宮，頗壯麗。四面各有三門五宮，蓋每角亦各有一宮，壯麗相等。宮中有殿廣大，其中貯藏守城者之兵杖。街道甚直，此端可見彼端，蓋其布置，使此門可由街道遠望彼門也。」〔註32〕馬可‧波羅這些感性的略帶誇張的描述與西方傳教士最為可靠的目擊記錄等，連同中國傳統文獻一起，相互印證，構成和加深了西方人士對於中國城市空間形態的印象甚至「城牆環繞的城市」的成見。

（3）以考古資料為基礎的現代研究成果。由於資料的缺乏，對於古代城市的起源在整個城市史中是最模糊的，例如，過去講城市史，一般只能追溯到漢代，再往上，就不甚了了。新材料很大程度上依靠考古發掘，基於考古學者的不懈努力，可以把中國城市史追溯到周代以前（如西周豐鎬〔註33〕、二里頭遺址、偃師商城、安陽殷墟），並把早期城市史的研究範圍拓展到漢唐以降那些都城以外的地區。〔註34〕當然，由於如今的人們還生活在大都是宋、

〔註30〕 〔法〕布羅代爾，十五至十八世紀的物質文明、經濟與資本主義（第一卷）〔M〕，顧良譯，施康強校，北京：三聯書店，1992 年：第 586～588、643～651 頁。

〔註31〕 〔德〕馬克斯‧韋伯（Max Weber），儒教與道教〔M〕，王容芬譯，北京：商務印書館，1995 年：第 62 頁。書中從政治、經濟、社會學角度討論中國古代城市是富於啓迪性的，尤其參見第 57～64 頁。

〔註32〕 〔意〕馬可‧波羅，馬可波羅行記，〔法〕沙海昂注，馮承鈞譯，北京：中華書局，2004 年：第 334～335 頁。

〔註33〕 中國科學院考古所灃西發掘隊，陝西長安戶縣調查與試掘簡報〔J〕，考古，1962（6）。

〔註34〕 具體成果可參見《文物》《考古學報》等專業期刊。建立在考古學界研究基礎上的側重古代城市規劃的著述，例如：賀業鉅，中國古代城市規劃史〔M〕，

元、明代的城市基地之上，所以系統全面的考古工作不便展開，因而所得的考古資料有很大的局限性。

1.4.3　關於中國古代城池及其歷史

　　城池包括城牆與城壕，研究這個問題必然會涉及城市的起源，因而是包括考古學、城市地理學在內的許多學科的研究對象。在多種建築史和城市考古等著作中，或多或少的從建築或考古的角度注意到了中國古代城市城牆修築的問題，除了前述董鑒泓《中國城市建設史》、賀業鉅《中國古代城市規劃史》之外，還有例如曲英傑的《古代城市》（文物出版社 2003 年版）、劉敘傑的《中國古代城牆》（載《中國古城牆保護研究》，文物出版社 2001 年版）。

　　其中曲英傑先生的《古代城市》一書，從考古學的角度介紹了一百六十餘座古代城址，並附有大量的復原圖，所引用的資料也大都注明了出處，對於中國古代城市城牆的研究有著很高的參考價值。郭湖生先生較爲系統地研究了子城，他在《子城制度——中國城市史專題研究之一》（〔日〕《東方學報》五十七冊，1985 年 3 月）〔註35〕中對子城的產生和演變進行了分析，對本書啓迪甚多。文章分 14 節，依次論述南北朝子城羅城制度，唐代各州軍子城之設，明清方志所記唐代子城，唐代州軍子城之常規與特例，五季和宋代子城，論子城制度區布，論子城門，儀門或曰戟門，子城內的廳堂制度，元代禁天下修城詔天下墮城防，最後小結。全文綱舉目張，條理清晰，結構嚴整，以史帶論，是開創性的著述，倘若能進一步對子城產生、發展和消失的原因基本上進行分析，則將更有助於理解中國古代子城制度的嬗變。

　　總的來說，雖然現在對於中國古代城市城牆的研究已經取得了一些成果，但是從總體上來看，無論是對於某些具體問題的研究，如子城、城牆起源，還是對城牆史的宏觀研究都還存在不足。

　　這些著作對於中國古代城市城牆建築學上的發展，在很多問題上已經達成共識，如中國古代城市城牆在明代開始大規模甃砌磚石（劉敘傑：《中國古

　　　　北京：中國建築工業出版社，1996；楊寬，中國古代都城制度史研究〔M〕，上海：上海人民出版社，2003。

〔註35〕郭湖生，子城制度——中國城市史專題研究之一，載於：京都大學人文科學研究所編，《東方學報》第五十七冊，1985：665～683，又載於：郭湖生，中華古都：中國古代城市史論文集（增訂再版），臺北：空間出版社，2003：145～164。

代城牆》)。陳慶江《明代雲南政區治所研究》(民族出版社 2002 年版)認為,雲南的城市在明代之前絕大多數都是土築,入明之後,開始築磚,「終明一代,雲南築有城池的府級政區治所中,除越州、陸涼、景東三衛的情形今未清楚外,只有元江府城和廣南府城的城牆未改為磚石築造」。如「在宋代及宋代以前,都作圭角形門洞,即是梯形門楣,到宋代之後就以券門為主」(張馭寰:《中國城池史》,334 頁);如甕城和馬面都出現於漢代等(劉敘傑:《中國古代城牆》)。

張馭寰《中國城池史》(百花文藝出版社 2003 年版)一書首先通過介紹中國古代不同時期的一些典型城池,描述了中國古代城池的發展脈絡,然後對中國古代城市的城牆、城門、城市形態、城內街道、城內功能建築等作了簡要介紹。誠如作者所言,現在關於城池方面的專著十分稀少,特別是涉及到地方城市的著作更是缺乏,該書確實對於我們瞭解地方城市有幫助,尤其是從古代建築的角度介紹了與中國古代城牆修築有關的一些問題。但是該書同時也存在不足:從整體來看,在觀點上缺乏對中國古代城牆發展特點和過程的總結和歸納;書中存在很多史實錯誤,如書中第 10 頁「周成王即位掌管,一切政權由他主持,周成王及時遷都到洛陽。這時西周變為東周,大規模建設洛陽城」,這是一個明顯的常識性錯誤,這些影響了該書的學術價值。羅哲文、趙所生等主編《中國城牆》(江蘇教育出版社 2000 年版),以圖片為主,對一些保存至今的古代城市城牆進行了科普介紹。

從軍事史角度對中國古代城牆進行研究的著作是工程兵工程學院《中國築城史研究》課題組撰寫的《中國築城史》(軍事誼文出版社 2000 年版),這也是迄今為止惟一一部對中國古代築城活動進行研究的專著,該書從軍事角度入手,分析了中國不同時期的築城活動,尤其是注意到了近代、現代歷史上的築城活動,這是以往研究所忽略的內容。更為可貴的是,該書從軍事角度分析了歷史上攻城技術的進步所帶來的築城技術的發展,這拓展了我們城牆史研究的視角。但遺憾的是該書沒有對中國古代不同時期城市是否修築城牆這一問題進行探討,而是假設城牆是中國古代城市必不可少的組成部分,沒有注意到一些朝代的部分地方城市是沒有城牆的,因此書中的某些觀點是需要修正的。

徐泓的《明代福建的築城運動》(臺北《暨大學報》第 3 卷第 1 期)對明代福建地區城牆修築的過程進行研究之後,認為福建直至明代中期才全面築

城。成一農《宋、元以及明代前中期城市城牆政策的演變及其原因》認為，明代的築城可以分為三個階段，第一階段是洪武時期，這一時期除了修築了大量的衛所城市之外，府州縣城的修築也以那些有同城衛所的城市為主；第二階段，永樂至天順時期，這一時期明朝政治安定，社會發展，內外都相對平靜，因此築城的數量很少；第三階段，成化至嘉靖年間，隨著內憂外患的加劇，全國開始普遍築城。不過成一農使用的資料只局限在《天一閣藏明代方志選刊》和《天一閣藏明代方志選刊續編》，因此其結論具有一定的局限性。此外，陳慶江在《明代雲南政區治所研究》一書中認為明代雲南地區的築城與衛所的設置與改土歸流密切相關。成一農先生《中國古代城市城牆史研究綜述》〔註 36〕比較全面地回顧了這個領域的研究成果，對於本章的價值不言而喻。王貴祥先生《明代城池的規模與等級制度探討》（2009）〔註 37〕對明代幾個主要地區的城池規模與等級情況做了梳理，對不同等級明代城池的基本尺度作了量化，並得出推論「明代城池中，縣城以 1～10 餘個里坊的規模為多，府城以 10～36 個里坊的規模為多，而都城的規模，大約都在 100 個里坊之上」，《明代建城運動概說》（2009）〔註 38〕一文對明代建城這一運動的歷史及動因進行了分析，有助於進一步理解明代的城市分佈格局與等級分劃，是一個宏觀視野下的成果，研究方法值得借鑒。

1.4.4　關於明代衙署與城隍廟建築

　　姚柯楠和李陳廣撰寫的《衙門建築源流及規制考略》〔註 39〕一文認為明代衙署建築大體遵循以下五條原則：1. 坐北朝南。即以一條南北向的主體甬道為中軸線，主要建築如照壁、大門、儀門、戒石坊以及主體建築如大堂、二堂、三堂依次排列在這條中軸線上；2. 左尊右卑。衙署建築布局以左為尊。如在縣衙中，縣丞宅居東，主簿宅居西。又如在府衙中，同知宅居東，通判宅居西；3. 左文右武。衙署六曹俱處大堂之前，其排列按左右各三房，東列吏戶禮，西列兵刑工，然後再分先後，即吏、兵為前行，戶、刑為中行，禮、

〔註 36〕成一農，中國古代城市城牆史研究綜述〔J〕。中國史動態，2007 年第 1 期。
〔註 37〕王貴祥，明代城池的規模與等級制度探討。賈珺主編，建築史（第 24 輯），北京：清華大學出版社，2009：86～104。
〔註 38〕王貴祥，明代建城運動概說。王貴祥主編，中國建築史論彙刊（第壹輯），北京：清華大學出版社，2009：139～174。
〔註 39〕姚柯楠，李陳廣，衙門建築源流及規制考略〔J〕，中原文物，2005 年第三期。

工爲後行；4. 風水影響。明清衙署監獄多設在西南，儀門之外。東南爲異地，寅賓館、衙神廟多設在建築群的東南方位；5. 前衙後邸，迎合皇宮的前朝後寢。衙署的大堂、二堂爲行使權力的治事之堂，二堂之後則爲長官辦公起居及家人居住之所。李德華《明代山東地區城市中衙署建築的平面與規制探析》〔註40〕，特別是對於明代山東衙署建築的平面格局進行了復原研究。

傅熹年先生《中國古代城市規劃、建築群布局及建築設計方法研究》（2001）第二章《建築群的平面布局》第六節《附：官署》探討了官署規制。〔註41〕姚柯楠和李陳廣撰寫的《衙門建築源流及規制考略》〔註42〕一文認爲明代衙署建築大體遵循五條原則。柏樺的《明代州縣衙署的建制與州縣政治體制》（《史學集刊》1995 年第 4 期）、《明代州縣政治體制研究》（中國社會科學出版社，2003 年），劉鵬九的《內鄉縣衙與衙門文化》（中州古籍出版社，2003 年），李志榮的《元明清華北華中地方衙署建築的個案研究》（北京大學博士論文，2004 年），及美國學者 Thomas G. Nimick 的博士論文《晚明的縣、縣官與衙門》（The County，the Magistrate，and the Yamen in Late Ming China. Ph. D. Dissertation，Princeton University，1993）都對研究明代縣衙的建築布局和結構做出了貢獻，但對明代衙署的具體規制尚有待於更深入細緻的說明。

另外，城隍原爲中國民間宗教祭祀之神，唐以後其祭祀愈爲普遍，宋代已經列於國家祀典，至明洪武朝初年，國家祀典中的城隍祭祀制度化，這種制度化又推動了城隍信仰、祭祀在民間的普遍化。鄧嗣禹、中村哲夫、大衛·約翰遜（David Johnson）、Romyen Taylor、濱島敦俊等學者均有精深研究。

關於洪武二年朱元璋對城隍神的賜封問題，日本學者濱島敦俊有多篇專題論文，參閱《明清江南城隍考——商品經濟的發達與農民信仰》（譯文，沈中琦譯，載《中國社會經濟史研究》1991 年第 1 期）；《明初城隍考》（譯文，許檀譯，載《社會科學家》，1991 年第 6 期）；《朱元璋政權城隍改制考》（載《史學集刊》1995 年 04 期）。國內學者趙軼峰對《明初城隍考》一文持異議，參見《明初城隍祭祀——濱島敦俊洪武「三年改制」論商榷》（載《求是學刊》，2006 年

〔註40〕李德華，明代山東地區城市中衙署建築的平面與規制探析。王貴祥主編，中國建築史論彙刊（第壹輯），北京：清華大學出版社，2009：230～249。

〔註41〕傅熹年，中國古代城市規劃、建築群布局及建築設計方法研究〔M〕，北京：中國建築工業出版社，2001，第二章「建築群的平面布局」第六節「附：官署」，第82～84 頁。

〔註42〕姚柯楠，李陳廣，衙門建築源流及規制考略〔J〕，中原文物，2005 年第三期。

第 1 期）。張傳勇、於秀萍認為趙軼峰對中國城隍信仰研究不足，並對濱島的研究存在諸多誤解，使得商榷本身存在許多值得探討之處，參見《明初城隍祭祀三題——與趙軼峰先生商榷》（載《歷史教學（高校版）》，2007 年第 8 期）。

1.4.5　關於中國古代廟學

　　關於廟學的代表性學術成果，可從建築學界和史學界作分別考察。1935年，梁思成先生發表於《中國營造學社彙刊》第六卷第一期的《曲阜孔廟之建築及其修葺計劃》之上篇《孔廟建築之研究》〔註 43〕，是系統研究曲阜闕里孔廟建築的開創性著述；全文著眼於孔廟建築修葺，詳於古建築維修的基本原則與方法，而略於孔廟建築之歷史。1944 年，梁思成在四川李莊所撰的《中國建築史》的《木構建築重要遺例‧羈直時期》章節涉及曲阜孔廟奎文閣（1504，明弘治十七年），認為它「是明代官式做法的一個引人注意的實例。……確切地說，並未超出按宮廷命令和官式制度興建的那些建築的範圍以外。」〔註 44〕儘管《中國建築史》一書是梁思成先生的個人專著，但可以與《孔廟建築之研究》一起，視作中國營造學社對於孔廟建築研究的學術體系和方法的體現。〔註 45〕

〔註 43〕　原文刊載於 1935 年《中國營造學社彙刊》，第六卷，第一期，第 5～13 頁。該期為《曲阜孔廟之建築及其修葺計劃（專刊）》，文章先後收入《梁思成文集》第二卷與《梁思成全集》第三卷。

〔註 44〕　梁思成英文原著，Liang Ssu-Cheng，Chinese Architecture：A Pictorial History，edited by Wilma Fairbank，MA：Cambridge，MIT Press，1984；《圖像中國建築史》（A Pictorial History of Chinese Architecture），英漢雙語版，北京：中國建築工業出版社，1991 年；此處引自《圖像中國建築史：漢英雙語版》（A Pictorial History of Chinese Architecture：A Bilingual Edition），（美）費慰梅（Wilma Fairbank）編，梁從誡譯，天津：百花文藝出版社，2001 年 1 月，第 301 頁；照片與測繪圖參見同上，第 302～303 頁。

〔註 45〕　梁思成先生在油印本《中國建築史‧前言》：「……（這部書稿）是一部集體勞動的果實，絕大部分資料都是當時中國營造學社的研究人員和工作同志的實地調查，測繪的成果。在編寫的過程中，林徽因、莫宗江、盧繩三位同志都給了我很大的幫助，林徽因同志除了對遼、宋的文獻部分負責搜集資料並執筆外，全稿都經過她校閱補充。精美的插圖都出自莫宗江同志的妙筆，可惜在這油印本中不能與讀者見面，盧繩同志在元、明、清的文獻資料搜集和初步整理上費了不少氣力。」1953 年秋季開始，梁先生為清華大學建築系的教師與研究生，以及建築設計人員講授中國建築史，本來擬每講編寫講義，後限於精力、時間等原因，梁先生當時將 10 年前所撰之《中國建築史》書稿作內部教學交流講義，由高等教育部教材編審處油印 50 本供內部參閱，1954 年付梓。

　　1954 年起，東南大學建築系開始測繪孔廟、孔府；1983、1984 兩年間則組織測繪曲阜孔廟、孔府、孔林、顏廟和鄒縣孟廟建築〔註 46〕，最終的成果集中反映在《曲阜孔廟建築》〔註 47〕一書，具有很高的基礎資料價值。劉敦楨先生於 1964 年 4 月撰寫的《中國古代建築史》一文亦涉及孔廟，「孔廟。自漢、唐以來，儒學即爲歷代帝王所重。除著意宣揚外，並詔封孔子、蔭其子孫，又建孔廟於全國，而山東曲阜爲孔子舊里，故規模最隆，埒於王制。」〔註 48〕1979 年版的高等學校教學參考書《中國建築史》，其中第三章《宮殿壇廟陵墓》由郭湖生編寫，由於教材編寫體例等原因，對曲阜孔廟的建築形式只作了簡約概述，對於其歷史與變遷成因未及詳述，文末有概括性的「封建統治者推行儒學，全國普遍建文廟，各地均模仿曲阜孔廟，形成一個特殊系統。例如：泮池、『萬仞宮牆』照壁、欞星門、『金聲玉振』牌坊、大成殿等，均爲統一模式演成；所不同的只是尺度與地方手法特色」之語。〔註 49〕

　　王貴祥先生《闕里孔廟建築修建史箚》（2007）〔註 50〕一文，對從曲阜闕里孔廟從秦漢之初建，到唐宋時期的增擴，再到元明時代的定型，及現存清代的格局，做了一個縱貫兩千多年的耙梳，在翔實的史料基礎上，得出闕里孔廟規模上大致形成規模是在金代，而在型制上則自元、明時代趨於定型，現在的格局則是清雍正年間重建中確定等的結論，可視作梁思成先生《孔廟建築之研究》第一章「孔廟建築史略」部分的展拓與深入。上述研究都集中在曲阜孔廟，而對於地方府州縣的文廟研究不多。李德華《明代山東城市平面形態與建築規制研究》（2008）第六章著重探討了明代山東府州縣一級城市的廟學建築，是新近的成果。〔註 51〕

〔註 46〕 http：//jwc.seu.edu.cn/jpkc/declare/arch_his/Teach_CH/Cehui/Cehui_His.htm。

〔註 47〕 潘谷西主編，曲阜孔廟建築，北京：中國建築工業出版社，1987。

〔註 48〕 劉敦楨著，《劉敦楨文集》第 4 卷，「中國古代建築史」，北京：中國建築出版社，1980：368～369。此外，1958～1964 年間由劉敦楨主編的《中國古代建築史》卻沒有有關孔廟的內容，可參見建築科學研究院建築史編委會組織編寫，劉敦楨主編，《中國古代建築史》，北京：中國建築工業出版社，1980 年第一版，1984 年第二版。

〔註 49〕 《中國建築史》編寫組，中國建築史（第二版），北京：中國建築工業出版社，1986：74～76。

〔註 50〕 王貴祥，闕里孔廟建築修建史箚。賈珺主編，建築史（第 23 輯），北京：清華大學出版社，2007。

〔註 51〕 李德華，明代山東城市平面形態與建築規制研究〔D〕，北京：清華大學建築學院碩士論文，2008，指導老師王貴祥。

　　史學界主要有日本學者牧野修二《論元代廟學和書院的規模》（1988），簡略地考察了元代儒學的廟和學以及相關建築〔註52〕；臺灣學者陶希聖《孔子廟庭中漢儒及宋儒的位次》（1971～1972）與《孔子的學統與道統》（1978）〔註53〕；高明士《皇帝制度下的廟制系統——以秦漢至隋唐作爲考察中心》（1993）〔註54〕；黃進興《權力與信仰：孔廟祭祀制度的形成》與《道統與治統之間：從明嘉靖九年孔廟改制論皇權與祭祀禮儀》（1998）〔註55〕，《道統與治統之間》一文專論明代孔廟祀典；簡蕙瑩《明代的儒學制度——浙閩粵地方教育體制的發展》（1999）〔註56〕以明代浙、閩、粵三省之府州縣儒學爲主，主要說明儒學的建制、規制；修建、遷建等；其中第三章介紹儒學的規制，將對儒學建築的空間配置、建築設施加以說明，並分析其設置的意義。

　　大陸史學界的成果不多，其中關於金代孔廟，有於學斌、孫雪坤合著《金代孔廟的發展、成因及作用》（2003）一文。〔註57〕關於元代儒學建築，胡務《元代廟學的建築結構》（2001）從元代儒學廟學合一的角度並結合元代儒學學產分佈情形，對儒學的主要建築類型的功能進行了考察；胡務《元代廟學：無法割捨的儒學教育鏈》（2005）試圖以元代的廟學制度爲中心，對中國元代的儒學教育制度及儒學教化的進程作了個案研究。〔註58〕申萬里《元代江南

〔註52〕〔日〕牧野修二，論元代廟學和書院的規模〔J〕，齊齊哈爾師範學院學報，1988（04）：74～79。

〔註53〕陶希聖，孔子廟庭中漢儒及宋儒的位次（上）〔J〕，食貨月刊復刊（第二卷第一期），1971，孔子廟庭中漢儒及宋儒的位次（下）〔J〕，食貨月刊復刊（第二卷第二期），1972；陶希聖，孔子的學統與道統〔J〕，食貨月刊復刊（第八卷第三、四期合刊），1978。

〔註54〕高明士，皇帝制度下的廟制系統——以秦漢至隋唐作爲考察中心〔J〕，文史哲學報（第四十期），臺灣大學，1993。

〔註55〕黃進興，《權力與信仰：孔廟祭祀制度的形成》、《道統與治統之間：從明嘉靖九年孔廟改制論皇權與祭祀禮儀》，載於：黃進興，優入聖域：權力、信仰與正當性〔M〕，西安：陝西師範大學出版社，1998：142～185。

〔註56〕簡蕙瑩，明代的儒學制度——浙閩粵地方教育體制的發展〔D〕，臺灣嘉義：中正大學歷史研究所碩士論文，導師：吳智和、林燊祿，1999年6月。

〔註57〕於學斌、孫雪坤，金代孔廟的發展、成因及作用〔J〕，北方論叢，No 180，2003（04）：46～49。

〔註58〕胡務，元代廟學的建築結構。中國元史研究會編，邱樹森，李治安主編，元史論叢（第8輯），南昌：江西教育出版社，2001：173～181。胡務，元代廟學：無法割捨的儒學教育鏈〔M〕，成都：巴蜀書社，2005。

儒學的建築布局考述》（2003）〔註59〕，指出江南儒學主要由三部分組成：以大成殿爲主的祭祀設施（廟）、以明倫堂爲主的教學設施（學）以及其他教學生活輔助設施；建築布局主要有前廟後學、右廟左學、左廟右學三種形式，與宋朝相比，元代江南儒學的建築布局發生了明顯的變化，學校建築布局和結構趨於完善。此外，陳高華《元代的地方官學》（1993）〔註60〕、王立平《元代地方官學的建築規模及學田》（1993）〔註61〕亦涉及元代儒學建築的布局。

　　有關明代儒學建築形制的研究成果不多。郭培貴、趙永蘭《洪武時期府州縣學設置及其特點考述》（1996）〔註62〕的貢獻主要在於從《明一統志》、《明實錄》等文獻中提煉出「洪武時期府州縣儒學設置統計表」；另外，郭培貴《明史選舉志考論》一書（2006）研究了明代教育、科舉和官員銓選制度，書中重新收錄了該表。但是該表的缺點主要有兩點：第一，在於沒有稽核地方志，所以得出的數據和地方志記載頗有不同；第二，從《明一統志》得出的統計亦有疏漏。趙克生《試論明代孔廟祀典的升降》（2004）〔註63〕側重於從政治角度，討論明代孔廟祀典承繼了歷史的積澱，洪武以後孔廟祀典不斷上升，目的是借孔子之道屬行「教化」；嘉靖九年（1530），明世宗緣於「大禮議」之際士儒以「道統」對抗君權，屢次反對禮制改革，故而世宗通過降殺孔廟祀典，打擊士氣，顯現君權。趙子富《明代學校與科舉制度研究》（2008）〔註64〕探索了學校與科舉制度與明代政治、文化的重要關係。

1.4.6 關於中國古代壇壝制度

　　有關壇壝的建置及其變遷的記載，散見於史籍，其中以二十四史和各地方志的記載最詳，也是歷代文人、學者和地方官員引述最多的。但這些記載正誤

〔註59〕申萬里，元代江南儒學的建築布局考述。紀宗安，湯開建主編，《暨南史學》第二輯，廣州：暨南大學出版社，2003：147～172。
〔註60〕陳高華，元代的地方官學。中國元史研究會編，邱樹森，李治安主編，元史論叢（第5輯），北京：中國社會科學出版社，1993；後收入於，陳高華，元史研究新論，上海：上海社會科學院，2005：376～420。
〔註61〕王立平，元代地方官學的建築規模及學田〔J〕，固原師專學報，1993（1）：52～56。
〔註62〕郭培貴、趙永蘭，洪武時期府州縣學設置及其特點考述〔J〕，內蒙古師大學報（哲學社會版），1996（3）：104～107。郭培貴，明史選舉志考論〔M〕，北京：中華書局，2006。
〔註63〕趙克生，試論明代孔廟祀典的升降〔J〕，江西社會科學，2004（6）：104～110。
〔註64〕趙子富，明代學校與科舉制度研究〔M〕，北京：北京燕山出版社，2008。

雜糅，後世研究者在引用時未加甄別、考證，不僅錯引甚多，還造成了在這一問題認識上的混亂，北宋政和元年（1111 年）四月沈延嗣奏請朝廷「天下州、縣社稷壇壝，大率皆不如法。乞按式作圖，鏤板頒下」〔註65〕之舉，反映的就是這一事實。對此問題的考證和研究，從掌握的材料來看，首見於南宋學者朱熹《答社壇說》一文〔註66〕，該文逐字逐句地解釋了北宋政和三年（1113）成書的《政和五禮新儀》中的州縣壇壝建築規制。儘管中國古代（如宋代）有成文的禮制，其中包括諸如基址大小、垣壝尺寸等問題，但由於受到古代印刷手段和傳播條件等的限制，很多地方官員並未見過圖式，在具體實施過程中會遇到一些需要揣度的模糊地帶，《答社壇說》一文就是這種歷史背景下的產物，也是朱熹的「經世致用」理念的具體體現。事實上，歷代都有類似這樣的困擾。

　　1930 年，朱啓鈐、闞鐸合著，高密、宋麟徵繪圖的《元大都宮苑圖考》一文刊登於《中國營造學社彙刊》第一卷第二期〔註67〕，認為元代陶宗儀《輟耕錄》第二十一卷《宮闕制度》，源於《經世大典》將作所疏宮闕制度之文，尺度井然，遠出明代蕭洵《故宮遺錄》，因就其方位尺度，手自摹繪，加以推定，製圖凡七，其中第七幅圖為元社稷壇圖。〔註 68〕該文的貢獻，首先在於以建築學的視角研究元代之宮闕並繪製成圖；但缺點在於錯漏頗多。因為倘若依照該文所繪的元社稷壇圖的比例尺來換算比對，則其用地基址尺度大約為 160 畝，社壇與稷壇之間的距離為 20 丈，均為《元史》所載之數的 4 倍，而社壇和稷壇都被繞以牆垣形成三套牆牆，監祭執事房的遺漏等，都與元代太社稷壇形制不符；另外，該文未闢專章研究元大都壇壝的建置變遷，考述相對不完整，也未結合元代祭祀體制的變化等加以考察分析。

　　1934 年，單士元《明代營造史料・社稷壇》和《明代營造史料・天壇》兩文分別發表在《中國營造學社彙刊》第五卷第二期與第三期〔註 69〕；1935

〔註65〕〔清〕文淵閣《四庫全書》本，（宋）陳傅良、梁克家著，《淳熙三山志》，卷第八，公廨類二，社稷壇：第 3 頁。

〔註66〕朱熹，《晦庵先生朱文公文集》卷六十八《答社壇說》，上海：上海古籍出版社，合肥：安徽教育出版社，2002：3323～3326。

〔註67〕朱啓鈐、闞鐸合著，元大都宮苑圖考，高密、宋麟徵繪圖，載：《中國營造學社彙刊》第一卷第二期，北京：中國營造學社，1930：1～118。

〔註68〕同上，第 91 頁。

〔註69〕單士元，明代營造史料・社稷壇〔M〕。中國營造學社彙刊，第五卷第二期，北京：中國營造學社，1941：116～126；單士元，明代營造史料・天壇〔M〕。中國營造學社彙刊，第五卷第三期，北京：中國營造學社，1941：110～138。

年，單士元《明清天壇史料》〔註 70〕一書中收錄了天壇祭祀禮儀和壇殿建築制度；1937 年，單士元和王璧文合編《明代建築大事年表》〔註 71〕，書中載有包括壇壝在內的詳盡的明代建築史料；1946 年，梁思成先生和林徽因先生完成的英文著作《中國建築史》扼要地提及北京天壇〔註 72〕；1984 年，劉敦楨先生主編的《中國古代建築史》綜述了天壇的建築藝術和空間組織手法等。〔註 73〕傅熹年《中國古代城市規劃、建築群布局及建築設計方法研究》（2001）〔註 74〕有從建築平面布局角度探討中國古代祭祀建築的內容，諸如明清北京天壇、社稷壇和太廟的總平面與單體建築等；潘谷西主編的五卷本《中國古代建築史》第 4 卷《元明建築》第三章「壇廟建築」〔註 75〕涉及明代壇壝制度；王貴祥《歷代壇壝的基址規模》（2008）〔註 76〕對中國歷代的壇壝基址規模作了精詳的通考，上述研究均屬創見，考察對象主要集中在都城如南京和北京的壇壝。

　　壇壝制度的研究成果還散見於李允鉌《華夏意匠》（1985）〔註 77〕；以及《中國美術全集·壇廟建築》（2004）〔註 78〕等。曹鵬《北京天壇建築研究》（2002）〔註 79〕、閆凱《北京太廟建築研究》（2004）〔註 80〕、韓潔《北京先

〔註 70〕　單士元編，明清天壇史料〔G〕，北平：中國營造學社，1935。
〔註 71〕　單士元，王璧文編，明代建築大事年表〔G〕]，北平：中國營造學社，1937 年。
〔註 72〕　梁思成英文原著，圖像中國建築史，（美）費慰梅（Wilma Fairbank）編，梁從誡譯，天津：百花文藝出版社，天津，2001：319。另參見，《梁思成文集》（三），北京：中國建築工業出版社，1985：234。
〔註 73〕　劉敦楨主編，中國古代建築史〔M〕，第七章第八節「明清壇廟建築和陵墓建築」，北京：中國建築工業出版社，1984：351～357。
〔註 74〕　傅熹年，中國古代城市規劃、建築群布局及建築設計方法研究〔M〕，北京：中國建築工業出版社，2001，上卷 49～55，下卷 53～62，179～185。
〔註 75〕　潘谷西主編，《中國古代建築史》第 4 卷〔M〕，北京：中國建築工業出版社，2001 年：第 119～137 頁。
〔註 76〕　王貴祥，歷代壇壝的基址規模。制里割宅與合院建築基址規模──二維視角下的中國古代建築研究〔M〕，北京：中國建築工業出版社，2008：204～225頁。
〔註 77〕　李允鉌編著，華夏意匠〔M〕，香港：廣角鏡出版社，1982 年 3 月初版，1984年 1 月再版，北京：中國建築工業出版社，1985 年 4 月重印：100～102，禮制建築。
〔註 78〕　中國建築工業出版社編，中國美術全集·壇廟建築〔M〕，北京：中國建築工業出版社，2004。
〔註 79〕　曹鵬，北京天壇建築研究〔D〕，天津：天津大學建築學院碩士學位論文，2002。
〔註 80〕　閆凱，北京太廟建築研究〔D〕，天津：天津大學建築學院碩士學位論文，2004。

農壇建築研究》（2005）〔註81〕和亞白楊《北京社稷壇建築研究》（2005）〔註82〕分別探討了天壇、太廟、先農壇和社稷壇作為中國古代祭祀文化載體而延續的緣由，及其建置沿革、結構及法式特徵、規劃方法、外部空間設計意向、祭祀禮儀等。

　　此外，20 世紀初，日本學者常盤大定、伊東忠太、關野貞對中國文化古蹟與古代建築進行了調查研究，伊東忠太《中國建築史》（1937）〔註83〕與《中國建築裝飾》（1944）〔註 84〕，關野貞《中國建築與藝術》（1938）〔註 85〕，常盤大定、關野貞《中國文化史蹟》（1939～1941）〔註86〕等書中都對社稷壇、天壇等作了紮實的資料整理。

　　1941 年，孔令谷《明代郊祀儀制雜闡》〔註87〕對明代郊祀作了初步研究。此後很長一段時間，有關明代祭禮的研究歸於沈寂。近年來，包括祭禮在內的明代禮制問題重新納入學者的視野。朱鴻林《國家與禮儀：元明二代祀孔典禮的儀節變化》（1999）透過元明二代祭祀孔子典禮的比較分析，提出國家所定禮儀的禮數儀節，確實反映國家對受禮對象的尊崇程度，而國家所作的決定，是有意識的，知其然而然的〔註88〕。胡凡《儒教與明初宮廷祭祀禮制》（1999）以郊社制度和宗廟制度為主體，探討了儒家文化影響下的明代宮廷祭禮〔註89〕。常建華《明代宗族祠廟祭祖禮制及其演變》（2001）認為明代的祭祖禮制實際上是朱熹《家禮》的官方化即國家制度化，「議大禮」的推恩令導致的嘉靖十五年家廟及祭祖制度的改革，特別是允許庶民祭祀始祖，更在

〔註81〕　韓潔，北京先農壇建築研究〔D〕，天津：天津大學建築學院碩士學位論文，2005。

〔註82〕　亞白楊，北京社稷壇建築研究〔D〕，天津：天津大學建築學院碩士學位論文，2005。

〔註83〕　〔日〕伊東忠太，中國建築史〔M〕，陳清泉譯補，上海：商務印書館，1937。

〔註84〕　〔日〕伊東忠太，支那建築裝飾〔M〕，東京：東方文化學院，1941～1944；中譯本：中國古建築裝飾〔M〕／中國建築工業出版社改編，劉雲俊等譯，北京：中國建築工業出版社，2006。

〔註85〕　〔日〕關野貞，支那ノ建築ノ藝術〔M〕，關野博士記念事業會編，東京：岩波書店，1938 年 9 月。

〔註86〕　〔日〕常盤大定，關野貞編著，支那文化史蹟〔M〕，昭和 14 年～16 年刊，京都：法藏館，1975～1976 年重印。

〔註87〕　孔令谷，明代郊祀儀制雜闡〔J〕，說文月刊，2 卷 11 期 1941（2）。

〔註88〕　朱鴻林，國家與禮儀：元明二代祀孔典禮的儀節變化〔J〕，中山大學學報（社會科學版），1999（05）：73～85。

〔註89〕　胡凡，儒教與明初宮廷祭祀禮制〔J〕，齊魯學刊，1999（6）：42～49。

客觀上為宗祠的普及提供了契機，強化了宗祠的普及〔註 90〕。王柏中《明嘉靖年間的廟制變革問題試探》（2001）就嘉靖朝廟制的變化，分析了「都宮之制」和「同堂異室」建築的差異〔註91〕。蓋中武《明太祖禮治思想探析》（2004）〔註 92〕論述明太祖立國宗旨是禮法並舉的儒家禮樂制度。趙克生《明朝嘉靖時期國家祭禮改制》（2006）〔註93〕以嘉靖朝為中心，以郊、宗廟、社稷、孔廟、歷代帝王廟為主體，研究了明代祭禮與明代政治的相互關係，填補了明代禮制史的部分空白。新近的史料編纂成果有《北京地壇史料》（1998）〔註94〕、《地壇史略》（1998）〔註 95〕、《天壇公園志》（2002）〔註 96〕、《北京先農壇史料選編》（2007）〔註97〕等。

海外學者中以日本學者小島毅《郊祀制度の變遷》（1989）〔註98〕關於中國古代郊禮的通論研究引人矚目；斷代史的研究成果有日本學者山內弘一《北宋時代の郊祀》（1983）等。〔註99〕

1.4.7　關於中國明代官方工程營建經費

以地方志為中心的古代官方文獻提供了研究需要的第一手素材，明代海瑞（1514～1587 年）《海瑞集》和沈榜（1540～1597 年）《宛署雜記》等私人文獻中，有關於明代地方財政詳細而精彩的第一手描述，他們兩人都是 16 世紀下半葉的縣官〔註100〕，另外，還我們還可以從明代小說等文體中得到一些佐證。

〔註90〕　常建華，明代宗族祠廟祭祖禮制及其演變〔J〕，南開學報（哲學社會科學版）
　　　　　2001（03）：60～67。
〔註91〕　王柏中，明嘉靖年間的廟制變革問題試探〔J〕，社會科學戰線，2001（02）：
　　　　　141～145。
〔註92〕　蓋中武，明太祖禮治思想探析〔D〕，北京：北京語言大學碩士論文，2004。
〔註93〕　趙克生，明朝嘉靖時期國家祭禮改制〔M〕，北京：社會科學文獻出版社，2006。
〔註94〕　北京市東城區園林局，北京市檔案館編，北京地壇史料〔M〕，北京：北京燕
　　　　　山出版社，1998。
〔註95〕　王仲奮編著，地壇史略〔M〕，北京：北京燕山出版社，1998。
〔註96〕　天壇公園管理處編，天壇公園志〔G〕，北京：中國林業出版社，2002。
〔註97〕　《北京先農壇史料選編》編纂組，北京先農壇史料選編〔M〕，北京：學院出
　　　　　版社，2007。
〔註98〕　〔日〕小島毅，郊祀制度の變遷，《東洋文化研究所紀要》第 108 冊，東京大
　　　　　學東洋文化研究所，1989 年。
〔註99〕　〔日〕山內弘一，北宋時代の郊祀〔J〕，史學の志，第 92 卷，1983（01）：40～66。
〔註100〕　〔明〕海瑞，海瑞集，北京：中華書局，1962；〔明〕沈榜，宛署雜記，北京：
　　　　　北京古籍出版社，1982。

關於官方公共工程之研究，魏復古（Karl A. Wittfogel）《東方專制主義——對於極權力量的比較研究》（Oriental Despotism，A Study of Total Power）一書〔註101〕，曾試圖將建設工程劃分爲水利型和非水利型，但書中將中國的專制主義與水利工程建立了過度簡化的模型，也使得中國的公共工程（Civil Engineering）被誤解爲政府的絕對權力與功能，忽略了自由勞力市場與士紳對於公共工程的貢獻。關於士紳在公共事務中的角色和利益，極爲紮實的研究成果可以參見張仲禮《中國紳士——關於其在 19 世紀中國社會中作用的研究》及其後續研究《中國紳士的收入》。〔註102〕

從專題史的研究角度而言，楊聯陞《國史探微》一書中的《從經濟角度看帝制中國的公共工程》一文對自秦朝至 1912 年清朝覆亡間的帝制中國的公共工程作了導論性的考論〔註103〕，構建了一個一般性的研究框架，是開創性的研究成果。關於明代歷史研究，錢穆《中國歷代政治得失》〔註104〕的明代部分、孟森《明史講義》〔註105〕、吳晗《明史簡述》〔註106〕、牟復禮、崔瑞德編《劍橋中國明代史》〔註107〕等著述提綱挈領。從斷代專題史的研究而言，關於明代的財政，黃仁宇《明朝的財政管理》、《十六世紀明代中國之財政與稅收》〔註108〕對於認識明代的財政體系、中央與地方的財政關係和州縣地方財政都頗具啓發意義；何朝暉《明代縣政研究》一書的第四章《明代的縣財政》對於明代縣財政的前後變化與體制利弊作了條

〔註101〕〔美〕卡爾·A·魏特夫（Karl A. Wittfogel）著，東方專制主義——對於極權力量的比較研究，徐式谷等譯，北京：中國社會科學出版社，1989。

〔註102〕張仲禮，中國紳士——關於其在 19 世紀中國社會中作用的研究，李榮昌譯，上海：上海社會科學院出版社，1991；張仲禮，中國紳士的收入——《中國紳士》續篇，費成康，王寅通譯，上海：上海社會科學院出版社，2001。

〔註103〕楊聯陞，國史探微，北京：新星出版社，2005：134～187 頁。

〔註104〕錢穆，中國歷代政治得失，香港自刊本，1952 年 11 月；北京：生活·讀書·新知三聯書店，2001。

〔註105〕孟森，明史講義，北京：中華書局，2006。

〔註106〕吳卯，明史簡述，北京：中華書局，1980。

〔註107〕〔美〕牟復禮，〔英〕崔瑞德編，劍橋中國明代史，張書生等譯，北京：中國社會科學出版社，1992。

〔註108〕黃仁宇，「明朝的財政管理」（Fiscal Administration During the Ming Dynasty），載於：Charles Hucher 編輯，《明代中國政府：七項研究》（Chinese Government in Ming Times：Seven Studies），New York：Columbia University Press，1969；黃仁宇，十六世紀明代中國之財政與稅收〔M〕，阿風、許文繼等譯，北京：生活·讀書·新知三聯書店，2001。

分縷析。〔註 109〕關於明代的司法，有楊雪峰《明代的審判制度》等。〔註 110〕賦役制度與明代府州縣級地方行政和財政體系的研究關係密切，關於明代賦役制度的研究成果豐碩，梁方仲《明代糧長制度》〔註 111〕、和田清編著《明史食貨志譯注》〔註 112〕、韋慶遠《明代黃冊制度》〔註 113〕、山根幸夫《明代徭役制度の展開》〔註 114〕等等是其中的重要著作。有關明代俸祿制度的研究，從清代顧炎武《日知錄集釋》到趙翼《廿二史劄記》以及當代學者都給予重視和研究。〔註 115〕

　　需要指出的是：（1）雖然中國城市史的研究一直受到學術界的關注，並且幸而明清之際官方對於地方志編撰的鼓勵和倡導，以及描述都市景象的筆記較多，文獻資料較爲豐富，但是關於明代城市的營建過程和城市空間格局的客觀內容、狀況與現象等研究卻相對薄弱，而通過比照古蹟和遺跡，對於一般府、州、縣城的細緻考察才剛剛起步。〔註 116〕（2）由於研究視角的不同，城市空間這一術語在歷史學、地理學、社會學和建築學等領域的具體含義是不同的〔註 117〕，本文中更側重建築學視野下的城市有形要素的空間布置方式。

〔註 109〕　何朝暉，明代縣政研究，北京：北京大學出版社，2006。

〔註 110〕　楊雪峰，明代的審判制度，臺北：黎明文化公司，1981。

〔註 111〕　梁方仲，明代糧長制度，上海：上海人民出版社，2001。

〔註 112〕　和田清編著，明史食貨志譯注，東京：汲古書院，1957。

〔註 113〕　韋慶遠，明代黃冊制度，北京：中華書局，1961。

〔註 114〕　山根幸夫，明代徭役制度卯展開，東京：東京女子大學，1966。

〔註 115〕　〔清〕顧炎武，日知錄集釋〔M〕，上海：商務印書館，1983；〔清〕趙翼，廿二史劄記〔M〕，南京：江蘇古籍出版社，1988。

〔註 116〕　比較全面的綜述除上揭董鑒泓《中國城市建設史》，另可參閱，潘谷西主編，中國古代建築史（第 4 卷）元明建築，北京：中國建築工業出版社，2001：第 15～94 頁第一章「城市建設」。

〔註 117〕　參見〔法〕伊夫·格拉夫梅耶爾（Yves Grafmeyer），城市社會學〔M〕，徐偉民譯，天津：天津人民出版社，2005 年。

第 2 章　明代北直隸府州縣城池

2.1　概述

明朝實行兩京制，南北兩京各設有一套中央機構。明太祖奠都南京，劃應天府等十四州及徐州等四州的疆域充作京畿，「定天下之大業，宅形勝之都邑……詳內略外，經營邑都」〔註1〕，昭示明朝開闢基業之盛。

> （遂）詔禮曹，命畫者貌以爲圖，毫分縷析，街衢巷隧之列，橋道亭臺之施，名賢祠屋之嚴邃，王侯第宅之華好，星陳棋布，地有顯晦而沿革不同，名有古今而表著無異，凡所以大一統之規模者，可以一覽而盡得之矣。〔註2〕

明成祖於永樂年間遷都北京，以北京爲京師，南京爲陪都，兩都分置畿輔。因此，明代在南、北兩京畿輔設置府州縣等行政機構。《明史》云：

> 洪武初，建都江表，革元中書省，以京畿應天諸府直隸京師。後乃盡革行中書省，置十三布政使司，分領天下府州縣及羈縻諸司。又置十五都指揮使司以領衛所番漢諸軍，其邊境海疆則增置行都指揮使司，而於京師建五軍都督府，俾外都指揮使司各以其方附焉。成祖定都北京，北倚群山，東臨滄海，南面而臨天下，乃以北平爲直隸，又增設貴州、交阯二布政使司。仁、宣之際，南交屢叛，旋復棄之外徼。〔註3〕

〔註1〕〔明〕禮部纂修，洪武京城圖志，詹杜澤，洪武京城圖志序，南京：南京出版社，2006：3。

〔註2〕〔明〕禮部纂修，洪武京城圖志，王俊華，洪武京城圖志記，南京：南京出版社，2006：6。

〔註3〕明史，卷四十，志第十六，地理一，京師，南京纂修。

　　北京畿輔有順天府、永平府、保定府、河間府、眞定府、順德府、廣平府、大名府、延慶州〔註4〕、保安州等 8 府、2 直隸州、17 屬州、116 縣，稱北直隸。〔註5〕其中「順天府在輦轂之下，與內諸司相頡頏，不以直隸稱」〔註6〕，而稱之爲京府。

2.2　明代行政區劃簡述

　　明朝省下設府、州、縣。清朝省下設府、廳、州、縣。明清時的州，清朝的廳有的直屬於省，有的歸府管。元明時期的州有的有縣，有的不轄縣。清朝凡是屬於府的州一律不管縣。也就是說，元明清時期的州實際上就是比較重要的縣。清朝宣統末年則開始廢府。此外元明清也有道，但是作爲省的派出機構，並不是行政區域。

　　明初一段時間曾沿襲元代行省制度，但不久即進行改革。洪武九年（1376年）改行省爲承宣布政使司，主管一省民政，分頒天下府州縣及羈縻諸司，上與中央六部直接聯繫。洪武三年（1370 年）時於各省置一都衛，八年改爲都指揮使司，主管一省軍戶衛所番漢諸軍，上聽命於兵部和五軍都督府。另有主一省監察司法的提刑按察使司，上聽命於刑部、都察院。行省取消後，因名稱和轄區未變，故習慣上仍然稱省。明代將一省之權分爲都、布、按三司，這「三司」既是官府名稱，又是省一級民政、軍事、監察三區劃的名稱，與元代軍政合一的行省制度不同，所以一省的轄區並非僅指布政使司轄區，也包括都指揮使司、提刑按察使司的轄區。如山東省不僅包括山東布政使司、山東都司轄區，還要包括遼東都司轄區（因遼東都司的監察由山東按察使管轄）。北直隸包括北直隸和萬全、大寧都司。陝西省包括陝西布政使司、陝西

〔註4〕　〔明〕鄧球，皇明泳化類編，卷81，都邑卷：「慶源州，編戶二，十六里，先是爲龍慶州，龍慶衛即元之龍慶州也，後廢。永樂十年（1412 年），詔復置州，仍曰龍慶，直隸京師。至隆慶元年（1567 年），以名稱相同遂改今名，而衛稱延慶衛云所屬。」北京圖書館古籍出版編輯組編，北京圖書館古籍珍本叢刊（據明隆慶刻本影印），卷 50，北京：書目文獻出版社，1989，869。

〔註5〕　今河北省大部、北京市、天津市、河南省及山東部分地區。

〔註6〕　〔明〕鄧球，皇明泳化類編，卷81，都邑卷：「疆理北畿之地，而置府曰保定，曰河間，曰眞定，曰順德，曰廣平，曰大名，曰永平；州曰慶源，曰保安，俱稱直隸，不轄順天府也。」北京圖書館古籍出版編輯組編，北京圖書館古籍珍本叢刊（據明隆慶刻本影印），卷 50，北京：書目文獻出版社，1989，868，另參見〔清〕孫承澤，天府廣記，卷2，府縣治，北京：北京古籍出版社，1984。

都司和陝西行都司轄區。；此外，元代行省官制和中央中書省官制相同，而明代則改用地方官名稱，如「承宣布政使」的職責即「承流宣播」中央的政令，通達一省民情之事。

洪武十三年（1380）爲加強皇權，罷中書省，六部直屬皇帝，原屬中書省的轄區也直屬六部，稱爲直隸。如洪武初建都南京應天府（今南京市）。十年改稱京師，即以中央直轄的相當今江蘇、安徽兩省和上海一市的地區爲直隸，也稱京師。永樂時遷都順天府（今北京市）爲京師，即以相當今北京市、天津市和河北省大部分地區爲直隸，仍稱京師。原直隸改爲南直隸，也稱南京。這京師、南京既是中央道府的名稱，也是中央直轄政區的名稱。自 1428 年（宣德三年）以後，全國分爲兩京十三布政使司，爲明一代常制。

《元史·地理志》載，元代有路 185，府 33，縣 1127，其統隸關係大致如下表：

$$
\text{中央——行省——}
\begin{cases}
\text{路——府——州——縣} \\
\text{府——州——縣} \\
\text{州——縣}
\end{cases}
$$

明代省以下行政單位有以下變化：一是改路爲府，由省直轄府一州一縣；二是州有屬省的直隸州和屬府的散州二種，直隸州視府，屬州視縣，均省去附郭縣，本縣事由知州管轄；三是省不僅包括布政使司所轄府州縣，還包括都指揮使司所轄衛所。

洪武九年之後，明朝三級與四級並存的複式政區層級已經完全確立：

$$
\text{中央——}
\begin{cases}
\text{布政使司——府——州——}
\begin{cases}
\text{縣} \\
\text{縣}
\end{cases} \\
\text{直隸州——縣}
\end{cases}
$$

劃據《明史·地理志》記載，明初有府 140，州 193，縣 1138，羈縻府 19，州 47，縣 6。據《明史·兵志二》記載，明代後期，有都司 16，行都司 5，留守司 2，衛 493，所 359：

> 洪武二十六年，定天下都司衛所，共計都司十有七，留守司一，內外衛三百二十九，守禦千戶所六十五，及成祖在位二十餘年，多所增改，其後措置不一。〔註7〕

〔註7〕　《明史》卷九十，志第六十六，兵二。

明代後期：「後定天下都司衛所，共計都司二十一，留守司二，內外衛四百九十三，守禦屯田群牧千戶，所三百五十九，儀衛司三十三。」〔註8〕

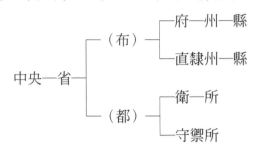

清代省以下行政建置基本沿襲明制，但也有改變：一、廢除以衛所管轄部分土地和軍戶的制度；二、省以下增加廳一級。廳為府的分支機構，由知府委派同知或通判一員駐紮在本府境內較偏遠或新開發地區，其轄區亦即稱廳。廳有二種，屬省的稱直隸廳，絕大多數不領縣，屬府的稱散廳；三、明代不論直隸州、散州均領縣，而清代直隸州領縣，屬府的散州不領縣。由於直隸廳的長官同知、通判地位略高於知州，故清代省以下政區習慣上稱為府、廳、州、縣。據《光緒會典》卷4記載，全國共設府185，直隸廳34，直隸州73，散廳87，屬州145，縣1314（臺灣3府、1州、11縣未載入）。

2.3　明北直隸行政建置的變化

北直隸原屬冀、兗、豫三州之域，元直隸中書省。明代北京地區的行政建置，經歷了三個階段：1）明初北平布政使司；2）北平府及其州縣；3）明京師、順天府及其州縣。其中沿革變化最大的是洪武、永樂年間。明代的京師不僅指北京城，而且也是對京畿地區的稱謂，又稱北直隸，相當於洪武年間的北平行省或北平布政司，但略小，因長城之外已非其轄地。明朝從永樂年間到明末，北直隸的行政建置是有變化的。北直隸轄區的沿革狀況，對於系統瞭解和探討這一地區城池變遷的基本情況和發展狀況是有必要的。洪武年間，建章立制，設府置縣。

　　北直隸古冀州地，京都即金元舊都也，依山帶海有金湯之固。

　　真定以北至於關口，不下百十，而居庸紫荊山海（俱關）、喜峰古北黃花鎮（俱口子，在順天府東北境），險厄尤著，故薊州（順天府屬）、

〔註8〕《明史》卷九十，志第六十六，兵二。

保定重兵屯焉。山後諸州（自宣府東南至遼陽俱是），故我大寧都司地也。

　　國家棄以於虜（今朵顏三衛〔註9〕是），則居庸之外，所恃以爲藩籬者，宣府耳。廣平以南，四方水陸畢匯於臨清（山東屬州），轉漕京師輻輳而進，若天津又海運通衢也（國初江南糧運俱從海道，今廢，惟薊州運道猶通）。

　　河間、眞定、保定之間多達兵營塢，其人性獷難馴，且東安、霸州、武清（俱屬順天府）而東，野曠人稀奸宄伏匿，頗基腹心之患迤。一帶則樵採耕牧之利居多，奸人每竄其中有司病之，蓋賦繁民困戶口流亡，雖畿甸同風。而順天府之馬政（寄養馬匹），河間之水潦患尤烈焉。〔註10〕

　　明初對元大都路地區的行政建置採取了一系列舉措，變革北平行中書省成爲北平布政使司。洪武元年（1368）四月，已廢元中書省，分置河南、山東兩行中書省。〔註11〕八月庚午（初二日），明將徐達率軍攻克元大都〔註12〕；壬午（十四日），「詔改大都路爲北平府」。〔註13〕十月庚寅（二十三日），定北平及北平府屬山東行中書省。〔註14〕二年（1369）三月癸丑（十九日），置北平行中書省（簡稱北平行省），治北平。先屬山東、河南二行省的府州縣，即八府、州三十七，縣一百三十六，皆歸屬北平行省。〔註15〕以山東行省參政盛原輔爲北平參政。〔註16〕十二月，又以湖廣行省參政趙耀爲北平參政。「耀嘗從徐達取元都，習知其風土民情、邊事緩急，改授北平，且俾守護王府宮

〔註9〕　因三衛地均住有兀良哈人，故泰寧、福餘、朵顏三衛統稱兀良哈三衛或朵顏三衛。

〔註10〕　〔明〕鄧球，皇明泳化類編，卷81，都邑卷，北京圖書館古籍出版編輯組編，北京圖書館古籍珍本叢刊（據明隆慶刻本影印），卷50，北京：書目文獻出版社，1989，869～870。

〔註11〕　《明史》卷四十，地理志一。

〔註12〕　胡廣等纂修，明太祖實錄，卷三十四，第1頁，洪武元年八月庚午卯，臺北：中央研究院歷史語言研究所校印本，1962：599～600。

〔註13〕　胡廣等纂修，明太祖實錄，卷三十四，第11頁，洪武元年八月壬午條，臺北：中央研究院歷史語言研究所校印本，1962：620。

〔註14〕　《明史》卷四十，地理志一。

〔註15〕　《明史》卷四十，地理志一。

〔註16〕　胡廣等纂修，明太祖實錄，卷四十，第6頁，洪武二年三月癸丑卯，臺北：中央研究院歷史語言研究所校印本，1962：810～811。

室。既而召入，諭之曰：『聞北口子人多來歸附者，汝宜速往，選其驍勇可用者爲兵，月給米贍之，餘悉處之臨清、東昌之地，毋令其失所。』 耀因奏工部尚書張允所取北平宮室圖。上覽之，令依元舊皇城基改造王府。耀受命，即日辭行。」〔註17〕九年（1376）六月甲午（十一日），「改各行省爲承宣布政使司，布政使一，參政二」〔註18〕；北平行省改爲北平布政使司，以監察御史蕭韶、秦府伴讀魏素爲北平布政使。〔註19〕永樂元年（1403）二月庚戌（初三日），廢北平布政使司，改設北京留守行後軍都督府、北京行部，改北平府爲順天府。〔註20〕

洪武、建文年間，北平布政使司統八府。《明史·地理志》：一是北平府：本元大都路，直隸中書省。洪武元年（1368）八月改爲北平府。十月，屬山東行省。二年（1369）三月改屬北平（行省）。二是保定府：本元保定路，洪武元年九月爲府。十月屬河南分省。二年三月改屬北平行省。三是河間府：本元河間路，洪武元年十月爲府，屬河南分省。二年三月改屬北平行省。四是眞定府：本元眞定路，洪武元年十月爲府。屬河南分省。二年正月屬山東，三月改屬北平行省。五是順德府：本元順德路，洪武元年爲府。十月屬河南分省。二年三月改屬北平行省。六是廣平府：本元廣平路，洪武元年爲府。十月屬河南分省。二年三月改屬北平行省。七是大名府：本元大名路，洪武元年爲府。十月屬河南分省。二年三月改屬北平行省。八是永平府：本元永平路，洪武二年改爲平灤府，四年（1371）三月爲永平府，屬北平行省。〔註21〕另外，明初北平行省（後改布政使司）還曾統有順寧府，洪武四年三月，府廢。大寧府，本元大寧路，洪武十三年（1380）爲府，屬北平布政司，尋廢。永平府，本元上都，洪武二年，所謂元龍慶州屬大都路，洪武初屬永平府，即指此府，屬北平行省，尋廢府置開平衛。興和府，本元興和路，洪武三年（1370）爲府，屬北平布政司，四年後，府廢。上述幾個府因爲存世時間很短，故不在八府之內。

〔註17〕 胡廣等纂修，明太祖實錄，卷四十七，第 4 頁，洪武二年十二月丁卯卯，臺北：中央研究院歷史語言研究所校印本，1962：第 935～936 頁。
〔註18〕 《國榷》卷六，洪武九年六月甲午條。另參見《明史》卷二《太祖本紀二》。
〔註19〕 胡廣等纂修，明太祖實錄，卷一百零六，第 5 頁，洪武九年六月甲午條，臺北：中央研究院歷史語言研究所校印本，1962：第 1772 頁。
〔註20〕 李時勉等·明太宗實錄·卷十七，第 1 頁，永樂元年二月庚戌條，臺北：中央研究院歷史語言研究所校印本，1962：第 301 頁。
〔註21〕 《明史》卷四十，地理志一。

北平布政使司所領三十七州，當有通州、涿州、霸州、涿州、薊州、雄州、蠡州、祁州、安州、易州、莫州、獻州、清州、景州、滄州、定州、冀州、晉州、趙州、深州、磁州、滑州、開州、濼州、龍慶州、雲州、會州、建州、營州、興州、宜興州等。一百三十六縣此處從略。《明史·地理志》云：

> 京師：《禹貢》冀、兗、豫三州之域，元直隸中書省。洪武元年四月分屬河南、山東兩行中書省。二年三月置北平等處行中書省，（治北平府。）先屬山東、河南者皆復其舊。領府八，州三十七，縣一百三十六。八月置燕山都衛。（與行中書省同治。）八年十月改都衛爲北平都指揮使司。九年六月改行中書省爲承宣布政使司。永樂元年正月建北京於順天府，稱爲「行在」。二月罷北平布政使司，以所領直隸北京行部；罷北平都指揮使司，以所領直隸北京留守行後軍都督府。十九年正月改北京爲京師。罷北京留守行後軍都督府，直隸後軍都督府。（衛所有實土者附見，無實土者不載。）罷北京行部，直隸六部。洪熙初，仍稱行在。正統六年十一月罷稱行在，定爲京師。府八，直隸州二，屬州十七，縣一百一十六。（爲里三千二百三十有奇。府州縣建置沿革，俱自元始。其沿革年月已見《元史志》者，不載。其未見《元史志》及明改元舊，並新增、新廢者，悉書。）北至宣府，（外爲邊地。）東至遼海，（與山東界。）南至東明，（與山東、河南界。）西至阜平，（與山西界。）洪武二十六，年編戶三十三萬四千七百九十二，口一百九十二萬六千五百九十五。[註22]

順天府雖是京府，但《明史·地理志》、《大明一統志》等書，仍將其列入北直隸轄域範圍。北直隸口外地區的行政建置變化較大。「明初出於對蒙古的戰爭需要，曾強使大批邊民遷徙內地，洪武四年（1371 年）三月，徐達以「山後順寧等州之民，密邇虜境，雖已招集來歸，未見安土樂生，恐其久而離散」（《明太祖實錄》卷 62），遷順寧府（治今張家口市宣化區）、宜興州（治今濼平縣北興州鄉）沿邊之民，皆入北平州屯戍。嗣後多次遷徙邊民，遂使北直隸口外絕大部分州縣相繼裁廢，而改置衛所，駐兵屯守。永樂間徙大寧都司（原治今內蒙古自治區寧城西老哈河北岸大名城）僑治保定府（治今保定市）。徙興和千戶所（原治今張北縣張北鎮）於宣府城（改順寧府置，即今

〔註22〕清文淵閣《四庫全書》版，〔清〕張廷玉等撰，《明史》卷四十，《地理志一》，第 4 頁。

張家口市宣化區）。宣德時又徙開平衛（今治內蒙古自治區正藍旗東北閃電河北岸）於獨石口（今赤城縣獨石口鄉），使塞上邊防明顯削弱。正統、景泰以後，朝政腐敗，邊防廢弛，北直隸口外大部地區成為蒙古兀良哈、察哈爾等部的駐牧之地。」〔註23〕總的說來，明永樂之後的京師較洪武年間北平布政使司所轄州、縣減少。

　　再以北直隸的懷柔等縣為例來作一觀察。懷柔：元置，屬檀州。〔註24〕《明太祖實錄》：洪武元年（1368）十一月壬子，「並懷柔、密雲二縣地入檀州」；〔註25〕十二月丙戌，「改順州為順義縣。……仍改檀州為密雲、懷柔二縣。」〔註26〕《明史・地理志》云：「懷柔，（昌平）州東北。洪武元年十一月省入檀州。十二月，復分密雲、昌平二縣地置，屬（北平）府。正德元年七月來屬。」〔註27〕《光緒順天府志》：「明洪武元年，析昌平境復置懷柔縣，並分密雲西境隸之，屬北平府。」〔註28〕《明太祖實錄》：「洪武十三年十一月庚戌，升北平保定府安縣為安州，復置……北平（府）香河、平峪、懷柔、保定四縣；保定府滿城、容城、高陽、新安四縣；真定府趙州之隆平先；順德府廣宗縣；河間府興濟、交河二縣。」〔註29〕此事不見《國榷》記載。其

〔註23〕　河北省地方志編纂委員會編，河北省志，第 2 卷，建置卷，石家莊：河北人民出版社，1993，160～161。清文淵閣《四庫全書》版，《畿輔通志》卷十三：元立中書省，以分鎮藩服，而河北之為路者九；明建北京，屬府八、州十有九、縣百二十有六。我世祖章皇帝定鼎於茲，省涿縣入通州，省興濟入青縣，並永卯入延慶，阜平縣入曲陽、行唐。聖祖仁皇帝改宣府鎮為宣化府，升遵化縣為州，復置阜平縣，我皇上嗣位申畫畿疆，改山西之蔚州以隸宣化，河南之磁州以隸廣平，山西之廣昌以隸易州，大名之滑、濬、內黃以隸河南，分順天之豐潤、玉田以屬永平，分保定之淶水以屬易州，深澤以屬定州，建天津府，沿河一州五縣屬焉升，易、冀、趙、深、定並為直隸州，設承德州於熱河，改梁城所為卯河縣；或以厚邊鎮而固屏藩，或以廣營田而盡水利，或以綰河防而利漕運，或以便吏治而達民情，特設直隸布政使司，統十府、二十有三州、一百二十縣，規模宏卯區畫周詳皆聖德之所廣運云。

〔註24〕　《大元混一方輿勝覽》卷上《大都路・檀州》。

〔註25〕　胡廣等纂修，明太祖實錄，卷三十六上，洪武元年十一月壬子條，臺北：中央研究院歷史語言研究所校印本，1962：669。

〔註26〕　胡廣等纂修，明太祖實錄，卷三十七，洪武元年十二月丙戌條，臺北：中央研究院歷史語言研究所校印本，1962：746。

〔註27〕　清文淵閣《四庫全書》版，〔清〕張廷玉等撰，《明史》卷四十，《地理志一》，第 7 頁。

〔註28〕　《光緒順天府志》卷三十五《地理志十七》。

〔註29〕　胡廣等纂修，明太祖實錄，卷一百三十四，洪武十三年十一月庚戌條，臺北：

中保定縣廢於洪武七年（1374）九月丁丑〔註30〕，香河、平峪（谷）二縣廢於洪武十年（1377）二月己未，故有洪武十三年「復置」該三縣。〔註31〕但是，此前《明太祖實錄》不載廢懷柔縣一事，爲何又「復置」懷柔縣呢？按常理推斷，自洪武元年十二月復析檀州爲懷柔、密雲二縣後，至洪武十三年之間，必定曾有廢懷柔縣的舉措，只是史料不載。根據洪武十三年「復置」懷柔，故古今皆有人主張是洪武十三年（1380）始置懷柔縣。例如，《大明清類天文分野之書》云：「懷柔縣，本朝洪武十三年分密雲、昌平二縣地新建懷柔縣，在順義縣北，屬北平府。」〔註32〕明萬曆《懷柔縣志》云：「國朝洪武初年，改檀州爲密雲縣。十四年（1381），分密雲縣蒼頭里迤西之地爲懷柔縣，隸北平府。」〔註33〕《清一統志》云：「明洪武十三年移置懷柔縣，屬北平府。」〔註34〕今有研究者將懷柔縣建縣之日定爲洪武十三年十一月二十四日。〔註35〕

　　明初，與北平行省、北平布政使司和北平府及其州縣等行政建置並行的，是另外一套建置，即燕山都衛、北平都指揮使司（簡稱都司）和相關衛所。洪武初，「革諸將襲元舊制樞密、平章、元帥、總管、萬戶諸官號，而籍其所部兵五千人爲指揮，千人爲千戶，百人爲百戶，五十人爲總旗，十人爲小旗。天下既定，度要害地，係一郡者設所，連郡者設衛。大率五千六百人爲衛，千一百二十人爲千戶所，百十有二人爲百戶所。所設總旗二，小旗十，大小聯比以成軍。其取兵，有從征，有歸附，有謫發。從征者，諸將所部兵，既定其地，因以留戍。歸附，則勝國及僭僞諸降卒。謫發，以罪遷隸爲兵者。其軍皆世籍。此其大略也。」〔註36〕

　　　　中央研究院歷史語言研究所校印本，1962：2130～2131。

〔註30〕　胡廣等纂修，明太祖實錄，卷九十三，洪武七年九月丁丑條，臺北：中央研究院歷史語言研究所校印本，1962，第 1623 頁：「革北平府霸州之保定縣，以其地入本州。」

〔註31〕　胡廣等，明太祖實錄，卷一百一十一，洪武十年二月戊午條，臺北：中央研究院歷史語言研究所，1962 年，第 1846 頁：「革北平府香河縣，以其地益漷州，改漷州爲縣；革平谷縣，以其地益三河縣，復以武清、寶坻二縣隸通州。」

〔註32〕　〔清〕繆荃孫輯抄本《順天府志》卷十三《順義縣沿革·附懷柔縣》。

〔註33〕　〔明〕萬曆《懷柔縣志》卷一《沿革》。

〔註34〕　〔清〕《嘉慶重修一統志》卷六《順天府一·懷柔縣》。

〔註35〕　姜緯堂，懷柔建縣沿革考，載於：《懷柔縣地名志》編委會編，北京市懷柔縣地名志，北京：北京出版社，1993 年，卷末「附錄」。

〔註36〕　清文淵閣《四庫全書》版，《明史》卷九十，《兵志二》，第 1 頁。

　　洪武二年（1369）八月，始置燕山都衛，與北平行省同治北平城。〔註37〕但是《明太祖實錄》卷五九云：洪武三年十二月辛巳「升杭州、江西、燕山、青州四衛爲都衛指揮使司，以徐司馬濮英等爲各衛都指揮使」〔註38〕，《明史‧兵志》亦云：「洪武三年（1370）升杭州、江西、燕山、青州四衛爲都衛」〔註39〕，均比上文《明史‧地理志》之說晚了一年。洪武二十年（1387）九月，置大寧都指揮使司。〔註40〕翌年七月，更名爲北平行都指揮使司。〔註41〕永樂之後，多有變化。例如萬全都指揮使司：本元順寧府，屬上都路。明洪武四年（1371）三月，府廢。宣德五年（1430）六月，置萬全都指揮使司，領十五衛、三所。〔註42〕

　　總之，北直隸的行政建置是有變化的。沿革比較大的是洪武、永樂年間。行政建置等級分明。最高一級行政建置，初稱北平行中書省（簡稱北平行省），後爲北平承宣布政使司（簡稱北平布政司）。永樂中改爲北京行部、京師（別稱北直隸）。京師統府、直隸州、都司；府領州與直屬縣，直隸州亦領縣，都司領衛、所；府屬州下領縣，衛領所、堡。

　　北直隸承元代「腹裏」系統，適當調整以京城爲核心，置順天府以爲京畿重鎮，劃保定等七府及延慶、保安二州，以爲輔弼，作京城之環衛，結合府、州、縣城。在順天府東、西、南三面，環列其他府、州，以爲藩屏；分佈爲東一府、西二州、南六府。北面爲軍防重點，沿長城布列邊防衛所，西自居庸關，東達山海關。西北方面，長城外除延慶、保安二州，尚有宣府軍事重鎮。北直隸區域的下屬地方行政建制，一般分府、州、縣三級。但是也有個別的府不設州一級，僅爲府、縣二級；或者亦有不置府，而爲直隸州及縣二級。即分爲三個層次：縣——府屬州領縣——府領州。

　　水運則對外聯繫主要依靠大運河及黃河，並輔以海運，明代對對大運河航道曾加以改善，故成爲對外水運的主幹。對內則以易水、衛河、漳水、

〔註37〕　清文淵閣《四庫全書》版，《明史》卷四十，《地理志一》，第 40 頁。

〔註38〕　胡廣等纂修，明太祖實錄，卷五九，洪武三年十二月辛巳條，臺北：中央研究院歷史語言研究所校印本，1962：1164。

〔註39〕　《明太祖實錄》清文淵閣《四庫全書》版，《明史》卷九十，《兵志二》，第 2 頁。

〔註40〕　清文淵閣《四庫全書》版，《明史》卷四十，《地理志一》，第 23 頁。另參見同書，《明史》卷九十，《兵志二》，第 3 頁。

〔註41〕　清文淵閣《四庫全書》版，《明史》卷四十，《地理志一》，第 23 頁。

〔註42〕　清文淵閣《四庫全書》版，《明史》卷四十，《地理志一》，第 19 頁。

灤河等爲航運主幹，與區內驛道結合，構成京畿區域水陸交通體系。元人沿驛道曾建置站赤之制，以爲郵傳。明承此又加以改進，構成北直隸的郵驛。〔註43〕

2.4　明北直隸城池修建

2.4.1　明北直隸城池修建的歷史分期

北直隸爲京畿重地，永樂遷都北京，欲防範蒙古勢力南下，故加強北防。除修繕長城外，更於京師東、北兩面廣事建置衛城烽燧，屯駐重兵，以固邊防。構築城牆的起源之一是禦敵，《明史》云：

> 方國珍起海上，掠郡縣，有司不能制。行省復辟基爲元帥府都事。基議築慶元諸城以逼賊，國珍氣沮。〔註44〕

北直隸行政轄域範圍變更基本上經歷了三個階段，從發展時序而言，與明代歷史相對應，北直隸城池經歷了擘劃奠基、成熟發展、鞏固增修、衰落低迷 4 個主要階段，其中一些州縣城池在明代前中期都是土城牆，明代前中期由於政治和社會現實導致的北直隸很多城市長期處於城垣頹圮，甚至沒有城牆的狀態，清代《畿輔通志》和顧祖禹的《讀史方輿紀要》對此記載尤爲詳細；有些城市因明代河流改道損毀，或因建置變革等，致有所遷徙調整（詳見附表1）。〔註45〕

（1）擘劃奠基階段

這一階段從明洪武朝至建文朝。由於北直隸地區基本上屬於元代中書省，在元末的戰爭中是主戰場，大多數城市遭遇兵燹，所以在高築牆的政策下，明初北直隸地區以擘劃恢復被毀城牆與重要職能建築爲當務之急，地方志記載洪武時期北直隸共有 32 座城市進行建設活動，如通州城在洪武元年就修築，「舊有城久圮，元末編籬寨爲城。明洪武元年裨將孫興祖因舊址修築，甃以磚石。」〔註46〕蓟州和永平府均是洪武四年（1371）甃砌：「舊土城，明洪武四年甃以磚石」，「永平府府城，舊土城，明洪武四年指揮費愚甃

〔註43〕　賀業鉅，中國古代城市規劃史，北京：中國建築工業出版社，1996：581。
〔註44〕　清文卯《四庫全書》版，《明史》卷一百二十八，第 1 頁。
〔註45〕　詳見清文淵閣《四庫全書》版，《畿輔通志》卷二十五，以及〔清〕顧祖禹，讀史方輿紀要，卷十二至卷十五。
〔註46〕　清文淵閣《四庫全書》版，《畿輔通志》卷二十五，第 10 頁。

以磚石。」〔註47〕

由於北直隸許多城市的地理位置處於燕王朱棣發起「靖難之役」的路線上，因此這些城市的城牆營建由於戰事而修築，並隨著戰局而時斷時續。例如，建文朝年間保定府城牆的甃砌與修繕。《明史・本紀第五》成祖一云：

> 建文三年（1401）冬十月丁巳，都指揮花英援昭，敗之峨眉山下，斬首萬級，昭棄寨走。己卯，還北平。十一月乙巳，王自爲文祭南北陣亡將士。當是時，王稱兵三年矣。親戰陣，冒矢石，以身先士卒，常乘勝逐北，然亦屢瀕於危。所克城邑，兵去旋復爲朝廷守，僅據有北平、保定、永平三府而已。」〔註48〕

與清代《畿輔通志》的描述作一比較，可以推測當時保定府城牆因戰事而修築，並甃磚包砌：

> 保定府，清苑縣附郭。府城，元大將軍張柔始築。明建文四年（1402）都督孟善以磚石甃甕城增女牆。周圍十二里三百三十步，高三丈五尺，上廣一丈五尺，下廣三丈五尺，門四，池深三丈、闊五丈。隆慶初，知府張烈文、賈淇、章時鸞相繼盡甃以磚。〔註49〕

還有因自然條件變化，不得已而異地移建新城，此類情形屢有發生。如據明正德《大名府志》記載：「（洪武）三十四年（1401）秋城廢，徙治艾家口是爲新城。」〔註50〕大名府因爲漳河、衛河兩河齊發大水而衝垮舊城，不得已遷徙而另闢新城。

（2）成熟發展階段

這一階段從永樂朝至天順朝。北京城的營繕活動在永樂朝遷都京師北京之前有早已開始，而順天府周邊的城市發展比順天府都城稍慢一些，由於成了北畿輔的腹地，所以隨後的調整也開始陸續展開，一直延續到正統朝、景泰朝。如廣平府城池增修始於正統朝，嘉靖年間因爲受到來自北方的威脅而甃砌：

> 廣平府其地，則漳河間一都會（《史記》），北通燕涿南有鄭衛（《圖經》），萬山磅礴泉流環匯（《一統志》），肘翼太行，背沃名水。其城

〔註47〕 清文淵閣《四庫全書》版，《畿輔通志》卷二十五，第 11 頁。
〔註48〕 清文淵閣《四庫全書》版，《明史》卷五，本紀第五，成祖一，第 7 頁。
〔註49〕 清文淵閣《四庫全書》版，《畿輔通志》卷二十五，第 14 頁。
〔註50〕 正德《大名府志》卷一《沿革》，《天一閣藏明代方志選刊 3》明正德元年刻本影印本，第 3 頁。

父老相傳夏王竇建德所築舊基（按綱目注曰竇建德據廣平郡。《資治通鑒》曰：唐武德二年，竇建德取唐邢洺相州，是年冬，還洺州。築宮徙都之），嗣後徙築無考。

我朝正統間，兵部侍郎王偉以憲臣分守廣平，時曾補築。成化丙戌（1466 年），知府熊懷重修，城週六里三百四十步。嘉靖二十一年，陳俎因北虜猖獗，諭士民尚義者，輸磚石以砌之，周圍九里十三步、高三丈五尺，闊二丈五尺，上建城樓四座、角樓四座、鋪舍二十六座，每座三間，以便戍守，內置甬道一十九條，繞以門垣以便登赴；濠池舊深一丈闊十二丈，有池無水。成化二十年（1484年），知府李公引水灌池種蓮；其後知府張羽李騰宵屢濬蓮葦益番，至是濬益深闊。是役也，俎首出俸以倡之舉甚勇，決是以財帑費工不夫役，論者咸偉其功焉。其城四門，東通齊、西連晉、北屏京、南帶河，城內舊街十六、新街二十三。〔註51〕

固安縣城也是在正德朝開始修築土城牆，嘉靖朝甃砌：「正德十四年（1519年），創築土基，周圍五里二百六十九步，高二丈三尺，廣如之，門四；嘉靖六年（1527 年）增鑿城壕，深一丈五尺，闊三丈；二十九年（1550 年），改築磚，城高廣如舊，四十四年（1565 年），濬濠深廣；明年（1566 年），以舊城卑隘歲久漸圮，復加築高二丈九尺。」〔註52〕香河縣：「縣城舊土城，明正德二年（1507）甃以磚石。」〔註53〕

（3）鞏固增修階段

這一階段從成化朝至萬曆朝。地方志多有記載，主要是圍繞重要軍事關隘、府州城牆的重築與加固為特點。有些城市在明初是沒有城牆的，例如廣平府曲周縣明代成化朝才開始奉命修建：

曲周其地四野平坦土地沃饒（《舊志》），其邑原無城廓，至我朝成化四年（1468），命下俾京畿近地郡縣之無城郭者宜增築之。〔註54〕

〔註51〕（明嘉靖庚戌年）廣平府志（十六卷），（明）翁相修，（明）陳棐纂，明嘉靖二十九年（庚戌1550 年）刻本，《天一閣藏明代地方志選刊》，上海：上海古籍書店影印，1963：6～7。

〔註52〕清文淵閣《四庫全書》版，《畿輔通志》卷二十五，第 2 頁。

〔註53〕清文淵閣《四庫全書》版，《畿輔通志》卷二十五，第 3 頁。

〔註54〕嘉靖《廣平府志》卷一《封域志》，第 9 頁。

至於曲周縣城牆的甃砌則晚至嘉靖二十二年（1543年）：

> 嘉靖以來，知縣丁鉞張鵬翼俱重修牛斗始引滏水入濠，二十二
> 年，推官羅霈始砌磚垛，其城有四門，東曰崇化南曰景盛西曰永安
> 北曰拱辰。〔註55〕

這一時期一些城市的城牆處於頹圮狀態，爲了治安與防範而採取增修的策略。如弘治末年（1505年）修築雞澤縣城池：

> 雞澤縣其地漳河東環，沙洺西繞（《舊志》）。其城隋唐以來徙置
> 不一，金天會中寄治於北抬頭村，大定元年（1161年）始築縣城即
> 今治。國初以來，城垣低薄，弘治末年知縣邵錦修葺，正德初，流
> 賊之亂賴以保障。土城周圍五里，高一丈五尺闊一丈三尺，樓四座
> 俱各三間，嘉靖十一年（1532年），知縣周文定重建南北二樓，南
> 曰迎薰北曰拱極。樂清侯廷訓有記。」〔註56〕

潞縣（今通州）直至明正德朝始築城牆，《日下舊聞考》引《潞縣志》：

> 縣舊無城郭，正德初，知縣郭梅始築土城，周圍二里，嘉靖二
> 十二年增修之。門四：北拱關、南迎薰、東臨津、西通都。萬曆四
> 年始甃以磚，周圍六百二十三丈，高一丈八尺，雉堞一千八十三，
> 濠深一丈，闊二丈五尺。崇禎八年，知縣涂應召增高五尺，闊五尺。
> 〔註57〕

涉縣亦鑒於安全防範考慮，在嘉靖二十年甃磚加固：

> 涉邑原舊土城，嘉靖辛丑（二十年1541年）秋，北虜入寇，奉
> 巡撫明文修築石城一座，周圍三里零九十五步，高三丈五尺，底闊
> 貳丈五尺頂闊壹丈五尺，南北城門貳座，門上大樓貳座，角樓肆座，
> 窩鋪肆座，磚垛口一千九十七個，城壕深一丈五尺，闊三丈五尺闊
> 三丈，城內周圍馬道一條，闊一丈二尺。〔註58〕

良鄉縣：「縣城舊土城，明隆慶中始甃以磚石。」〔註59〕

〔註55〕 嘉靖《廣平府志》卷一《封域志》，第10頁。
〔註56〕 嘉靖《廣平府志》卷一《封域志》，第13頁。
〔註57〕 〔清〕于敏中等編纂，日下舊聞考（卷100），《京畿》，北京：北京古籍出版
社，1983：1829。
〔註58〕 嘉靖《涉縣志》，卷一，第9頁。
〔註59〕 清文淵閣《四庫全書》版，《畿輔通志》卷二十五，第2頁。

（4）衰落低迷階段

這一階段從天啓朝至崇禎朝。崇禎朝的北直隸城牆修繕在地方志的記載中有 30 多次，主要是圍繞北面的山海關、西北端的保定府等城牆增修敵臺、敵樓爲主，明末的農民起義是其主要原因之一。

概括起來，在地方志中北直隸各地府州縣城池修建的年代並不相同，它們的興建也受到政治、軍事等歷史人文要素的影響，譬如北直隸的定州、雄州，在金、元以後失去戰略防禦及兵員集結地的需要，相繼衰落，地方志中對於其城池興修的記載反映了這一點。

以廣平府爲例，其所領曲周縣之城池始建於成化朝，雞澤縣之城池於弘治末年（1505）修葺：

> （曲周）城周圍五里十三步，高三丈四尺闊九尺，濠池闊二丈深一丈餘……成化四年（1468 年）四月十有五日，曲周縣新築城成。……曲周舊無城廓，邇者王君來宰是邑，將有事於興築焉。適朝廷命：下俾京畿近地郡縣之無城郭者宜增築之。……嘉靖以來，知縣丁鈇張鵬翼俱重修牛斗始引滏水入濠，二十二年（1543 年），推官羅霈始砌磚垛，其城有四門，東曰崇化南曰景盛西曰永安北曰拱辰。〔註60〕

> 雞澤縣……國初以來，城垣低薄，弘治末年（1505 年）知縣邵錦修葺，正德初流賊之亂賴以保障。土城周圍五里，高一丈五尺闊一丈三尺，樓四座俱各三間，嘉靖十一年（1532 年），知縣周文定重建南北二樓，南曰迎薰北曰拱極……嘉靖十五年（1536 年），知縣於慧重建東西二樓，東曰襟縈漳滏西曰帶縈沙洺，嘉靖二十二年（1543 年），知縣曹希魯增修濠，闊五丈深一丈五尺。〔註61〕

明代北直隸城池修築，與明朝發展相對應，其中始創於明朝的州或縣者只有若干。除洪熙與泰昌朝外，各朝都有城池修葺，其規模和影響最大者，以永樂朝（營建北京城）居首，其增修記載次數最多者，以嘉靖朝居首（103 次），萬曆朝次之（100 次），正德再次之（95），以下依次是：弘治朝、隆慶朝、成化朝和景泰朝（50），正德朝（35），天啓（11），天順（6）和正統朝（5），永樂朝（2），宣德朝僅有一處「延慶州城，五年（1430）陽武侯薛祿增修」

〔註60〕嘉靖《廣平府志》卷一《封域志》，第 9～10 頁。
〔註61〕同上，《廣平府志》卷一，封域志，第 11 頁。

的記載，與因歷時短暫的建文朝、並列而居末。其中延慶州城，明永樂中（1403
～1424）建；保安州城，明永樂十三年（1415），城守指揮使王禮，因舊補築。

　　從甃砌磚城（盡甃或易磚以垛）的記載來看，以正德朝 27 居首，以下依
次是：崇禎 23，嘉靖 18，萬曆 15，隆慶 8，成化 7，景泰 5，洪武 3，天啓 3，
弘治 3，正統 2，天順 1。

　　北直隸城市的發展跟人口因素有關。在明代地方志文獻史料中可以看
到，隨著人口的增多，治安和抵禦流寇等問題日益突出，修築城牆成為一種
需要，上級官員也會下令整飭城牆，並設法籌集經費。以下是洪武二十六年
（1393 年）直隸人口（表 2.1）、弘治四年（1491 年）北直隸所轄州府人口（表
2.2）和萬曆六年（1578 年）北直隸所轄州府人口（表 2.3）。

表 2.1　洪武二十六年（1393 年）直隸人口

省	戶	口	每戶人口
中國〔註62〕	10,652,789	60,545,812	5.68
北直隸〔註63〕	334,792	1,926,595	5.75

資料來源：孫承澤，春明夢餘錄，卷 35；《明史》卷四十，地理志一。

表 2.2　弘治四年（1491 年）北直隸所轄州府人口

府州	戶	口	附注
順天府	100,518	669,033	領州五，縣二十二
永平府	23,529	228,944	領州一，縣五
保定府	50,639	582,482	領州三，縣十七
河間府	42,548	378,658	領州二，縣十六
眞定府	59,439	597,673	領州五，縣二十七
順德府	21,614	181,825	領縣九

〔註62〕　清文淵閣《四庫全書》版，子部・雜家類・雜說之屬，孫承澤，春明夢餘錄，
　　　　　卷 35：天下戶口據《後湖冊》開載洪武中戶一千六十五萬二千七百八十九口
　　　　　六千五十四萬五千八百一十三弘治十五年戶九百六十九萬一千五百四十八口
　　　　　六千一百四十一萬六千三百七十五嘉靖二十一年戶九百九十七萬二千二百口
　　　　　六千二百五十三萬一百九十五萬曆中戶一千六十三萬一千四百三十六口六千
　　　　　六十九萬二千八百五十六至天啓崇禎之季荒斃相繼市井蕭然版籍不可問矣。
〔註63〕　《明史》卷四十，地理志一・京師。

廣平府	27,764	212,846	領縣九
大名府	66,287	574,972	領州一，縣十
延慶州	1,787	2,544	領縣一
保安州	445	1,560	衛城即州城，屬北京行部
總計	394,570	3,430,527	

資料來源：孫承澤，春明夢餘錄，卷 35；《明史》卷四十，地理志一。

表 2.3　萬曆六年（1578 年）北直隸所轄州府人口

州、府	戶	口	附注
順天府	101,134	706,861	領州五，縣二十二
永平府	25,094	255,646	領州一，縣五
保定府	45,713	525,083	領州三，縣十七
河間府	45,024	419,152	領州二，縣十六
眞定府	74,738	1,093,531	領州五，縣二十七
順德府	27,633	281,957	領縣九
廣平府	31,482	264,898	領縣九
大名府	71,180	692,058	領州一，縣十
延慶州	2,755	19,267	領縣一
保安州	772	6,445	衛城即州城，屬北京行部
總計	425,525	4,264,898	

資料來源：孫承澤，春明夢餘錄，卷 35；《明史》卷四十，地理志一。

2.4.2　明代北直隸府州縣城池平面形態

　　明代北直隸府州縣城池的平面形態特徵主要有兩個方面：

　　（1）第一個特徵是存在城市規模之間的規制與等級。明代北直隸城市的基本形態雖然受到地理、氣候的制約，但是它們的結構與規模具有一定的基本原則和要素，又存在著某種等級關係，與城市的行政等級形成一定的對應關係，譬如城市的平面形狀與結構比較相似，城市的基址規模依照府、州、縣呈現一定的等級差別。北直隸城池規模分為 4 等，第一等是最大的，周圍 40 里，只有北京城；第二等是周圍 9～12 里左右，共 28 個；第三是周圍 6～7 里左右，共 21 個；其餘為第四等周圍 3～5 里的城市，數量最多（表 2.4～2.7）。

表 2.4　城市規模為十二里左右及以上的明代北直隸城市

城市	城市規模	城市	城市規模
順天府	周 40 里	冀州	14 里
昌平州	10 里	趙州	13 里
保定府	12 里 330 步	定州	26 里 13 步
河間府	16 里	順德府	13 里 100 步
眞定府	24 里	開州	24 里

資料來源：《欽定續通典》卷一百四十；《畿輔通志》卷二十五。

表 2.5　城市規模為周九里左右的明代北直隸城市

城市規模	城市
周九里	通州、密雲縣、涿州、薊州、永平府、完縣、雄縣、易州、深州、廣平府、大名府
周八里	武清縣、文安縣、蠡縣、滄州、鹽山縣、南宮縣、邯鄲縣、長垣縣

資料來源：《欽定續通典》卷一百四十；《畿輔通志》卷二十五。

表 2.6　城市規模為周七里左右的明代北直隸城市

城市規模	城市
周七里	東安縣、香河縣、新安縣、鉅鹿縣、內邱縣、東明縣
周六里	三河縣、寶坻縣、順義縣、霸州、保定縣、遵化縣、束鹿縣、獻縣、肅寧縣、靜海縣、東光縣、隆平縣、寧晉縣、威縣、南樂縣

資料來源：《欽定續通典》卷一百四十；《畿輔通志》卷二十五。

表 2.7　城市規模為周三里至五里左右的明代北直隸城市

城市規模	城市
周五里	固安縣、永清縣、遷安縣、定興縣、安州、阜城縣、任邱縣、交河縣、青縣、故城縣、行唐縣、元氏縣、無極縣、柏鄉縣、安平縣、曲陽縣、沙河縣、任縣、曲周縣、肥鄉縣、雞澤縣、大名縣、魏縣、清豐縣
周四里	懷柔縣、房山縣、大城縣、豐潤縣、昌黎縣、灤州、滿城縣、安肅縣、唐縣、博野縣、慶都縣、祁州、深澤縣、高陽縣、景州、吳橋縣、南皮縣、慶雲縣、獲鹿縣、平山縣、新河縣、棗強縣、武邑縣、高邑縣、贊皇縣、衡水縣、晉州、武強縣、饒陽縣、南和縣、廣宗縣、延慶州、保安州

周三里	良鄉縣、玉田縣、平谷縣、撫寧縣、樂亭縣、新城縣、容城縣、淶水縣、寧津縣、井陘縣、阜平縣、欒城縣、靈壽縣、藁城縣、臨城縣、新樂縣、平鄉縣、唐山縣、廣平縣、成安縣、清河縣

資料來源：《欽定續通典》卷一百四十；《畿輔通志》卷二十五。

　　以建築學角度即以城牆周長，而不是人口、賦稅等指標來衡量與考察北直隸城池之規模與等級，則結論是大體以府、州、縣遞減，完全符合這個規律的是北直隸八府之中的順德府與廣平府（順德府與廣平府均領縣九，無州），其餘六州有例外；但是行政等級並不完全決定城市規模，原因之一是明代行政建置的分合。

　　一般情形下，一府之內的府城大於其州縣規模，惟一的例外是大名府的開州（24 里）大於府城大名府（9 里）；而一州之內的州城並不一定大於其所領之縣規模，這樣的例子一共有六個：順天府的霸州（6 里 320 步）小於其所領文安縣（8 里 30 步）；保定府的祁州（4 里 339 步）小於其所領束鹿縣（6 里 140 步），安州（5 里 30 步）小於新安縣（7 里 13 步）；河間府的景州（4 里）小於其所領東光縣（6 里），滄州（8 里）與其所領鹽山縣（8 里）相同；真定府的晉州（4 里）小於其所領安平縣（5 里有奇）。（表 2.8）

　　府與府之間行政等級相同的城市規模沒有對應關係，如保定府下轄的雄縣（9 里 30 步）、完縣（9 里 13 步）、易州（9 里 13 步）三個州縣，雖然小於保定府（12 里 330 步），卻與永平府（9 里 13 步）、廣平府（9 里 13 步）、大名府（9 里）旗鼓相當。真定府所領的定州（26 里 13 步）大於其所轄的真定府（24 里），冀州（14 里）、趙州（13 里）、深州（9 里）小於真定府，卻與大名府相等（表 2.9）。

表 2.8　一州之內的州城不大於其所領縣之城池規模的六個實例

序號	府	州	州領縣	城市規模
1	順天府	霸州	霸州	6 里 320 步
			文安縣	8 里 30 步
2	保定府	祁州	祁州	4 里 339 步
			束鹿縣	6 里 140 步
3		安州	安州	5 里 30 步
			新安縣	7 里 13 步

4	河間府	景州	景州	4 里
			東光縣	6 里
5		滄州	滄州	8 里
			鹽山縣	8 里
6	眞定府	晉州	晉州	4 里
			安平縣	5 里有奇

資料來源：《欽定續通典》卷一百四十；《畿輔通志》卷二十五。

表 2.9 府與府之間的城市規模比較

府	州	城市規模	府	州	城市規模
順天府	通州	9 里 13 步	眞定府	眞定府	24 里
	昌平	10 里		定州	26 里 13 步
	薊州	9 里 30 步		冀州	14 里
	涿州	9 里有奇		趙州	13 里
	武清縣	8 里 260 步		深州	9 里
保定府	保定府	12 里 330 步	大名府	大名府	9 里
	雄縣	9 里 30 步		開州	24 里
	完縣	9 里 13 步	永平府	永平府	9 里 13 步
	易州	9 里 13 步	廣平府	廣平府	9 里 13 步

資料來源：《欽定續通典》卷一百四十；《畿輔通志》卷二十五。

（2）第二個特徵是具有因地制宜的靈活性。明代北直隸城市的平面形狀、街巷格局等依據當地的自然地理、氣候、水文等條件，依據城市的歷史條件靈活布置，以適應城市生活等功能，譬如爲了利用城市的山水條件，城市的形狀可以是不規則的；城市街巷在十字大街的基礎上出現了許多不對稱的形式。城市內外一些重要建築的平面規制、如城牆、壇壝、衙署、廟學、城隍廟等壇廟建築也具有類似的靈活性。此外，明代北直隸府州縣城市的平面形態的形成會受到各種因素的影響，具有一定的隨意性和自發性。

按照城市地理學的理論，山地與平原接合部或者水運與陸路的銜接點由於負擔交流、集散、管理等職能，最容易生長發育爲城市。這種地形地貌影響著區域中心城市的生長點，如北直隸的保定、定州〔註 64〕、正定、邢臺、

〔註64〕 李孝聰，中國區域歷史地理〔M〕，北京：北京大學出版社，2004：171～172，

邯鄲，它們的城址並不像某些學者所說的那樣：「在我國河流南岸城市常常多於北岸，……是中國古代風水地術迷信觀念在起作用。」〔註65〕

　　例如，永樂朝之後，國都變爲北京，由於交通因素造成了北直隸城市之間與內部格局形態的影響。而且明清兩代，經過治理的京杭大運河成爲南北人員、物資往來最主要的水運交通線，對兩側城鎮具有更強的吸引力，沿河出現許多富於商業色彩的城鎮。南下的驛道「大都一保定一眞定一順德」，由於長期受南北向陸路交通影響，大部分城市南北門正對，形成南北向主幹大街，東西門不對正，故城內沒有傳統的十字街。這條南北街也是城內最繁華的商業街。南北門外的關廂較發達，商業街和民宅規模明顯超過東西關，例如北直隸的邢臺、邯鄲。而正定至保定段受北東向太行山體制約，交通道路有所偏轉，爲維持中國城市四方傳統，四門難以正對。涿州一新城一雄州一任丘一河間一獻州一阜城一帶的城市大多是鎮市、碼頭、橋渡發展起來的王朝社會後期城市，水運、倉儲、商業買賣功能較強，又不是在舊城基礎上重建，故城市形態零亂。官署倉儲區收縮在一個小衛城內，偏於一隅，居民、商業街沿運河自然延伸，使城廓很不規則。平原中部的城市受地形干擾不大，城市輪廓多爲方型，並依據所聯繫的交通方向，四門正對，保持傳統的十字街，如北直隸河間府。〔註66〕

　　現存明代北直隸方志不全，其中一些府州縣由於諸多原因而沒有輿圖或官方重要建築的平面圖等，下面是清代文淵閣版《四庫全書》中收錄的《畿輔通志》所載的對應明代北直隸地區八府輿圖，需要說明的是其版圖中的府州縣數量與明代相比略有出入（圖 2.1～圖 2.8）。

　　「華北平原地區最早形成的南北交通大道基本上沿著太行山麓 50 米等高線排列。重要的城市也建址在這條道路沿線，而且多有水泉爲伴。能夠取證的資料是河北省定州城，城東緊壓在 50 米等高線上。定州在漢代稱「盧奴」，《水經·滱水注》云：「盧奴城在滱水之南，城內西北隅，有水淵而不流，南北一百步，東西百餘步，水色正黑，俗名曰黑水池。或云水黑曰盧，不流曰奴，故城此藉水以取名矣。」這段史料證明海拔 50 米等高線也是潛水能否溢流的分界，定州城建在這條分界線稍上一點的位置，既可以較容易地獲得水源，又免去淹溺的威脅。」

〔註65〕　於洪俊，寧越敏，城市地理概論，合肥：安徽科學技術出版社，1983：14。
〔註66〕　參見：史念海，黃河流域諸河流的演變與治理〔M〕，西安：陝西人民出版社，1999。鄒逸麟主編，黃淮海平原歷史地理〔M〕，合肥：安徽教育出版社，1997。周振鶴，中國歷史文化區域研究〔M〕，上海：復旦大學出版社，1997。李孝聰，中國區域歷史地理〔M〕，北京：北京大學出版社，2004：214～215。

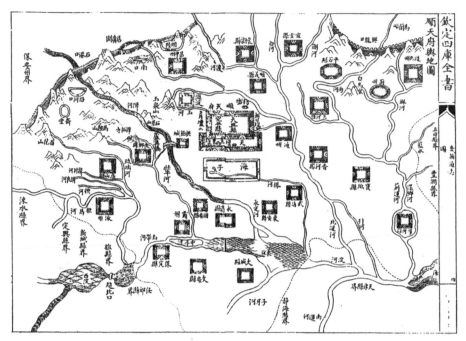

圖 2.1　順天府輿地圖

（資料來源：清文淵閣《四庫全書》版，《畿輔通志》畿輔輿地全圖卷，第4～5頁）

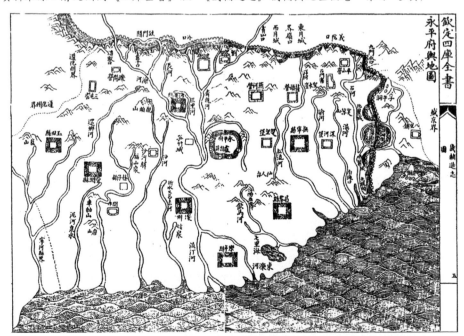

圖 2.2　永平府輿地圖

（資料來源：清文淵閣《四庫全書》版，《畿輔通志》畿輔輿地全圖卷，第5～6頁）

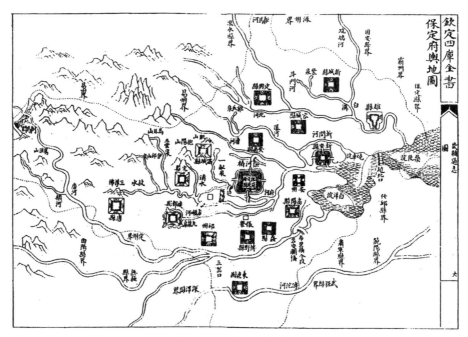

圖 2.3　保定府輿地圖

（資料來源：清文淵閣《四庫全書》版，《畿輔通志》畿輔輿地全圖卷，第 6～7 頁）

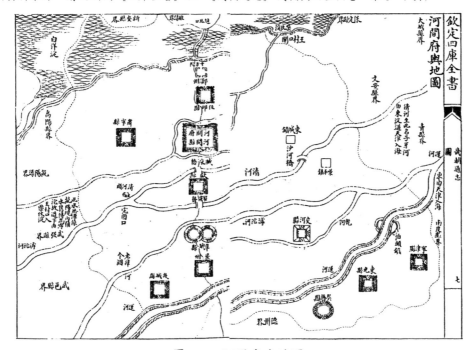

圖 2.4　河間府輿地圖

（資料來源：清文淵閣《四庫全書》版，《畿輔通志》畿輔輿地全圖卷，第 7～8 頁）

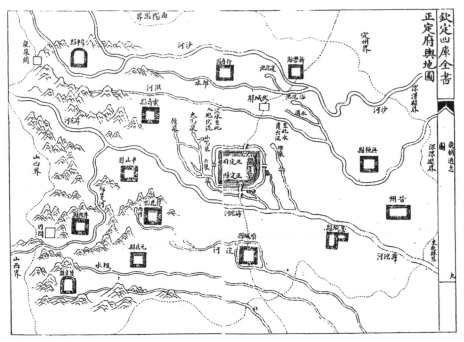

圖 2.5　正定府輿地圖

（資料來源：清文淵閣《四庫全書》版，《畿輔通志》畿輔輿地全圖卷，第 9～10 頁）

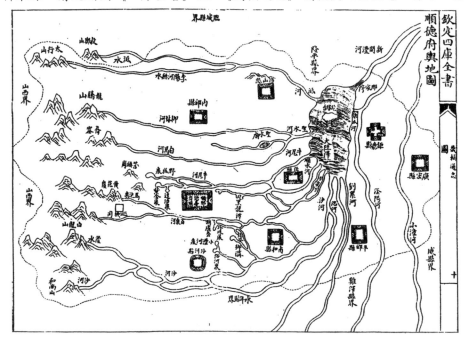

圖 2.6　順德府輿地圖

（資料來源：清文淵閣《四庫全書》版，《畿輔通志》畿輔輿地全圖卷，第 10～11 頁）

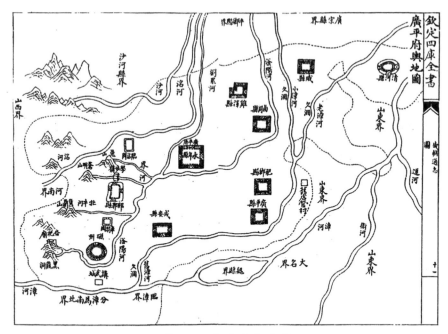

圖 2.7　廣平府輿地圖

（資料來源：清文淵閣《四庫全書》版，《畿輔通志》畿輔輿地全圖卷，第 11～12 頁）

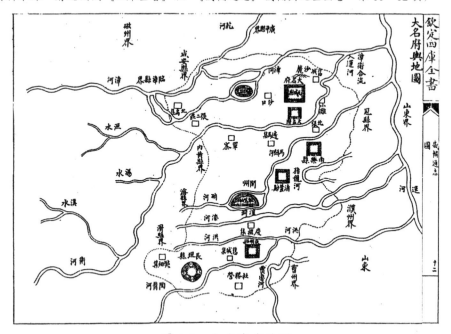

圖 2.8　大名府輿地圖

（資料來源：清文淵閣《四庫全書》版，《畿輔通志》畿輔輿地全圖卷，第 12～13 頁）

2.5　明代北直隸城市的平面形態

　　城市的平面形態主要可以從平面形狀、坊巷格局與基址規模三個方面來考察。依據地方志的文字和圖形記載，明代北直隸城市的平面形狀以方形為主，近似矩形的城垣在北直隸地區尤其多見，而且州府一級的城市更是如此，這一點是和中國明代南方行政級別近似的城市，如江南地區具有明顯區別（如湖州、杭州等）。其中原因，也許是因為南方的大部分城市都落在崎嶇的丘陵地帶或者靠近水域，如江河湖海等；而處於華北的北直隸城市較多地選址於山麓或者平原，在禮制、地理、氣候等諸多因素的作用下，多取矩形，當然也有很多不規則的形狀，如嘉靖年間 T 形的雄乘縣城（圖 2.9）和萬曆年間 L 形的保定府慶都縣（圖 2.10）和完縣（圖 2.11）。〔註 67〕

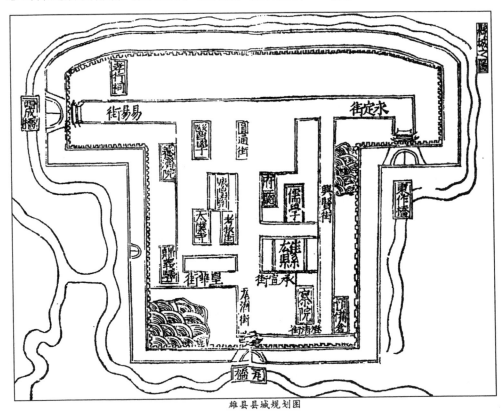

雄县县城规划图

圖 2.9　雄乘縣城之圖

（資料來源：〔明〕嘉靖《雄乘》上卷，第 4～5 頁）

〔註 67〕（明）王齊篡修，（嘉靖）雄乘二卷，明嘉靖十六年刻本影印本，天一閣藏明代方志選刊，1962 年版，1981 年重印，上卷：第 4～5 頁。

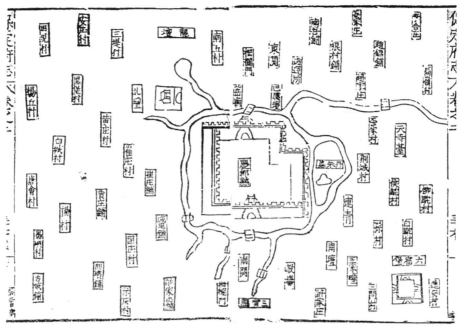

圖 2.10　慶都縣圖

（資料來源：〔明〕萬曆《保定府志》卷二，第 36～37 頁）

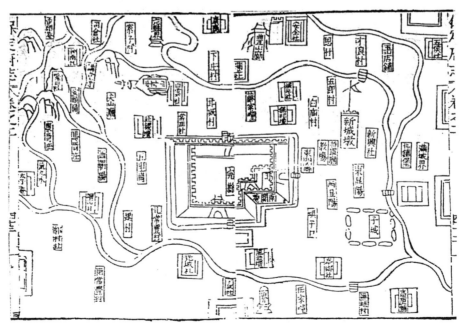

圖 2.11　完縣圖

（資料來源：〔明〕萬曆《保定府志》卷二，第 42～43 頁）

　　一般說來，在北直隸的這些城市中，公共建築如衙署及其相關建築、院落，廟學、城隍廟、察院等聚集在行政中心，或者說形成了行政中心。鼓樓和鐘樓通常位於城市的中心，主要在十字路口。而那些非官方的廟宇，則被安置在城市的任意方位。

2.6.1　規則形

　　例如，明正德《大名府志》記載，「大名府土方城，周九里高三丈，池深闊始之。」〔註68〕南樂縣「土方城，四門曰跨濟、帶河、瞻洛、拱辰，周六里一百三十步，高二丈五尺，池深闊各一丈。」〔註69〕清豐縣「土方城，周五里，其創始之由無考。」〔註70〕東明縣「土方城，周七里四十步，高二丈五尺，池深一丈五尺闊六丈，有東作、西成、南訛、迎恩四門。」〔註71〕（圖2.12～2.20）

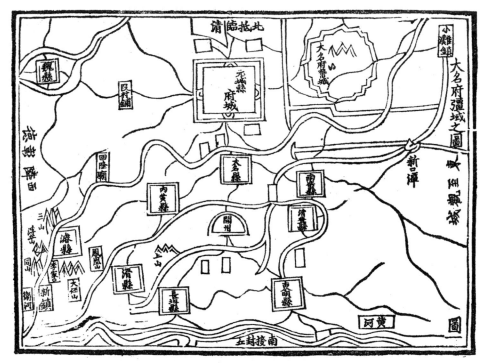

圖 2.12　大名府疆域之圖

（資料來源：〔明〕正德《大名府志》卷首圖一）

〔註68〕　正德《大名府志》卷一《城池》，第23頁。
〔註69〕　正德《大名府志》卷一《城池》，第23頁。
〔註70〕　正德《大名府志》卷一《城池》，第24頁。
〔註71〕　正德《大名府志》卷一《城池》，第26頁。

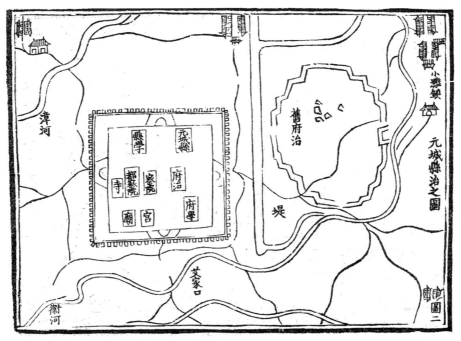

圖 2.13　元城縣治之圖

（資料來源：〔明〕正德《大名府志》卷首圖二）

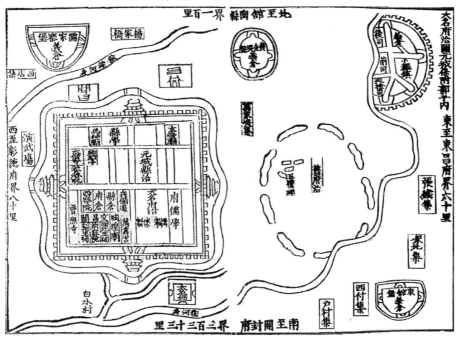

圖 2.14　大名府治圖

（資料來源：〔清〕康熙《大名府志》卷一，第 5～6 頁）

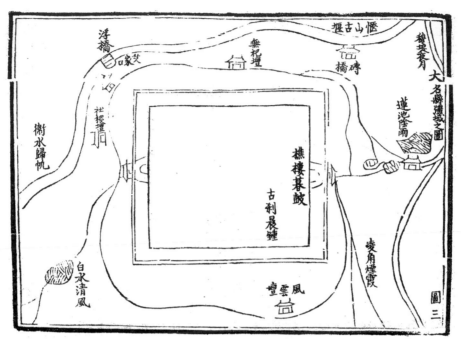

圖 2.15　大名縣疆域之圖

（資料來源：〔明〕正德《大名府志》卷首圖三）

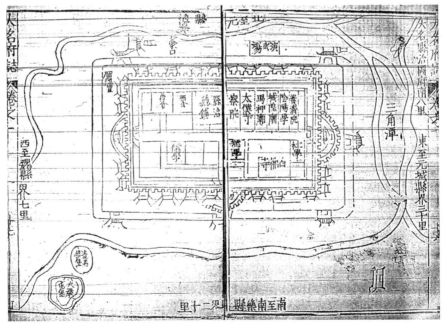

圖 2.16　大名縣治圖

（資料來源：〔清〕康熙《大名府志》卷一，第 16～17 頁）

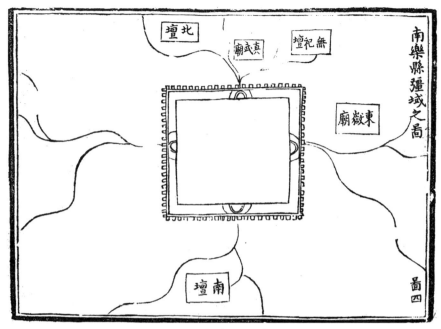

圖 2.17　南樂縣疆域之圖

（資料來源：〔明〕正德《大名府志》卷首圖四）

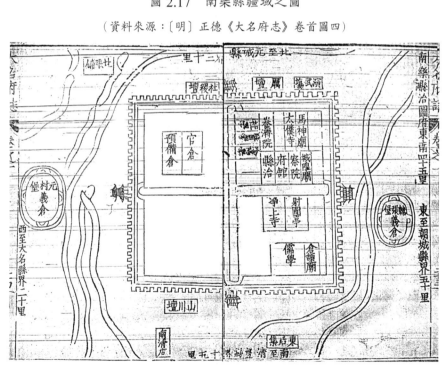

圖 2.18　南樂縣治圖

（資料來源：〔清〕康熙《大名府志》卷一，第 23〜24 頁）

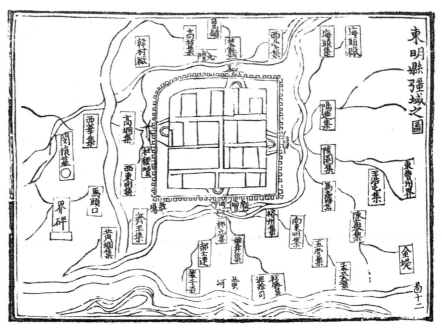

圖 2.19　東明縣疆域之圖

（資料來源：〔明〕正德《大名府志》卷首圖十二）

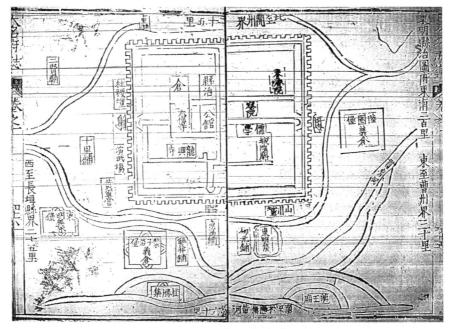

圖 2.20　東明縣治圖

（資料來源：〔清〕康熙《大名府志》卷一，第 46 頁）

2.6.2 不規則形

明代北直隸還有一批平面形狀不規則的城市,例如內黃縣「土圓城古築,周僅四里,高二丈二尺,池深廣各八尺,門各有樓,東曰集賢西曰來遠南曰崇德北曰迎恩。」〔註72〕開州「土城前方後圓,號臥虎城,周二十七里,宋熙寧間(1068~1077)築,金元泊。國朝皆因之,弘治十三年(1500),知州李嘉祥修濬,城高三丈,池深廣倍之,有迎春成秋朝陽拱北四門,並甃瓦覆樓,頗爲壯偉。」〔註73〕長垣縣「土圓城,在古蒲城鎮。國朝洪武元年(1368),縣丞劉彥昭始築,周二里有奇。」〔註74〕

圓城也是古代建城者所追求的一種平面圖形。實際上所謂的「方城」和「圓城」,並非幾何學上的方與圓,而是由直線組成較規整的平面則稱之爲「方城」,而由弧線組成的近似圓、長圓或卵形,則稱之爲「圓城」。這或許可以解釋正德《大名府志》就對它的屬縣作這樣的分類,把近似平面的城都歸結爲圓城或方城。(圖 2.21～圖 2.26)

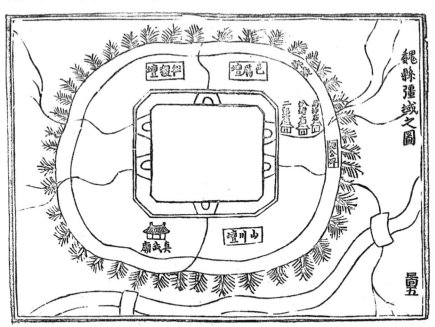

圖 2.21 魏縣疆域之圖

(資料來源:〔明〕正德《大名府志》卷首圖五)

〔註72〕 正德《大名府志》卷一《城池》,第 24 頁。
〔註73〕 正德《大名府志》卷一《城池》,第 25 頁。
〔註74〕 正德《大名府志》卷一《城池》,第 26 頁。

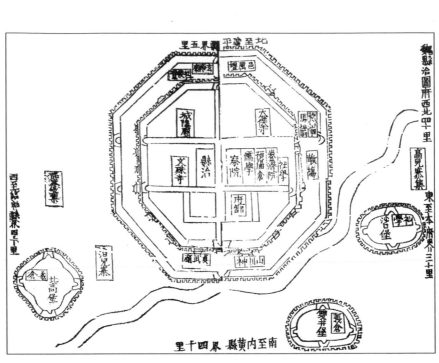

圖 2.22　魏縣治圖

（資料來源：〔清〕康熙《大名府志》卷一，第 19～20 頁）

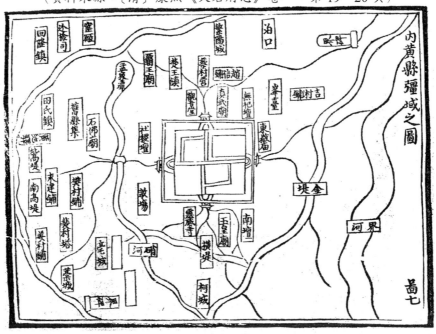

圖 2.23　內黃縣疆域之圖

（資料來源：〔明〕正德《大名府志》卷首圖七）

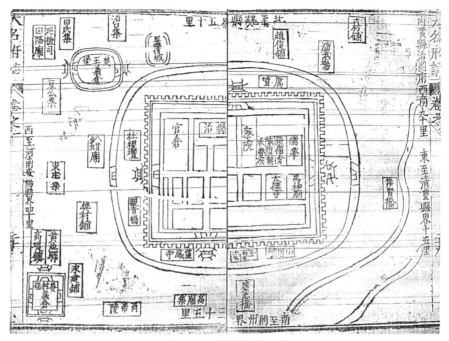

圖 2.24　內黃縣治圖

（資料來源：〔清〕康熙《大名府志》卷一，第 29～30 頁）

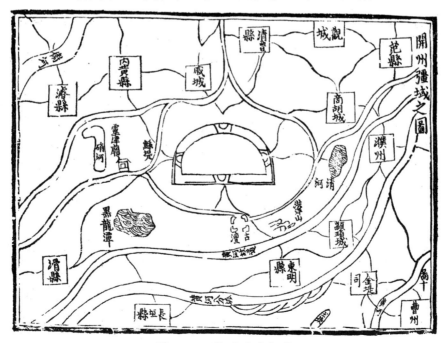

圖 2.25　開州疆域之圖

（資料來源：〔明〕正德《大名府志》卷首圖十）

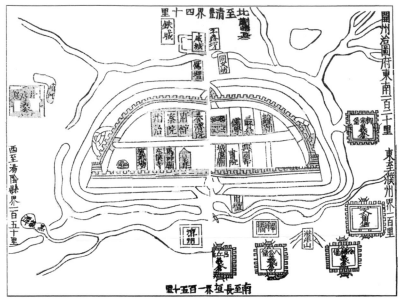

圖 2.26 開州治圖

（資料來源：〔清〕康熙《大名府志》卷一，第 39～40 頁）

2.6.3 十字大街與坊巷

北直隸城市中十字大街的形態是比較常見的，弘治年間的永平府幾乎都是十字街的形態（圖 2.27～2.32）。北直隸的一些街巷形態如圖 2.33-2，如永年縣據明代崇禎《永年縣志》記載，永年縣即為十字大街：

> 縣治四大街東西相對南北相左，縣署居中稍東，環城二十四小街互相迴繞，兩旁就勢分巷以居。除公署寺廟水潴外，尺地寸土盡民居也，謹記其九。

> 南大街自南門抵府治，中橫小街一道，東通縣治逐府學垣，西縣神仙巷達縣學縣城隍廟逐西城；南有橫小街一道，東縣育賢坊至府學並止察院逐東城，西縣馬家營火神廟逐西城。東大街自東門縣察院抵府治前，中橫小街一道，北通府縣各倉門，南縣縣東巷口達育賢街，稍東橫街一道，北抵北門，南縣寺前達府學東街口逐南城，傍東門橫小街一道，北縣甜水井小街達養濟院逐北城，南縣迎春街寺東街口東垣逐南城。西大街自西門縣府城隍廟抵府治前，中橫小街一道，南縣神仙巷西口達馬家營逐南城，北縣府治西牆外達府後小街。城隍廟東向南小街一道，縣縣學後小街東口達縣學前東口抵

馬家營西街口。城隍廟西向北小街一道，縣廟西達府後街西口逐西城傍西門向南小街一道，縣縣城隍廟西牆外達火神廟小街。北大街自北門抵府寺迤北街口，中向西小街一道，係順廣道治，傍北門向西小街一道達府後街逐西城，各城下俱有小街，其餘宅無正戶車馬弗容，故不及紀。城外四關各街一道，餘見城池志。〔註75〕

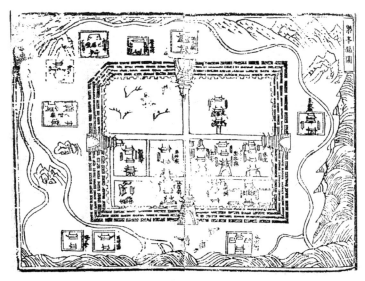

圖 2.27　樂亭縣圖（資料來源：弘治《永平府志》卷首）

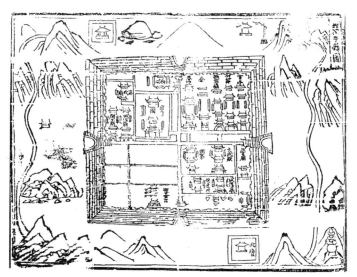

圖 2.28　撫寧縣圖（資料來源：弘治《永平府志》卷首）

〔註75〕崇禎《永年縣志》卷一，街巷，第7～9頁。

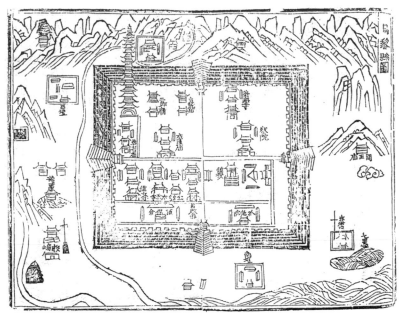

圖 2.29　昌黎縣圖

（資料來源：弘治《永平府志》卷首）

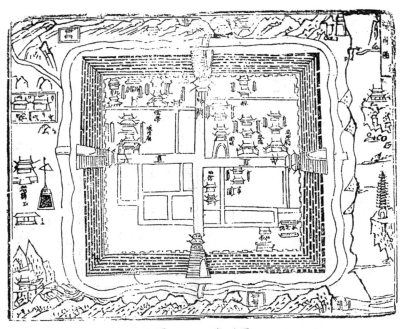

圖 2.30　灤州圖

（資料來源：弘治《永平府志》卷首）

圖 2.31　遷安縣圖
（資料來源：弘治《永平府志》卷首）

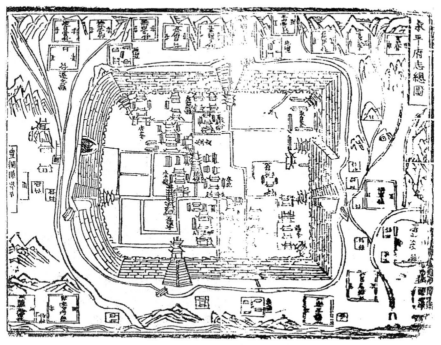

圖 2.32　永平府志總圖
（資料來源：弘治《永平府志》卷首）

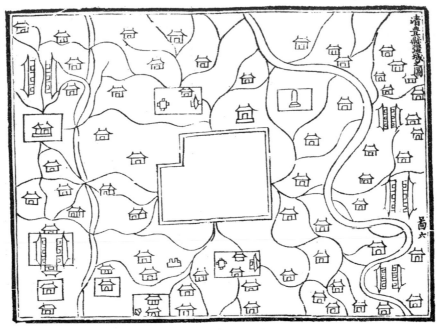

圖 2.33　清豐縣疆域之圖

（資料來源：〔明〕正德《大名府志》卷首圖六）

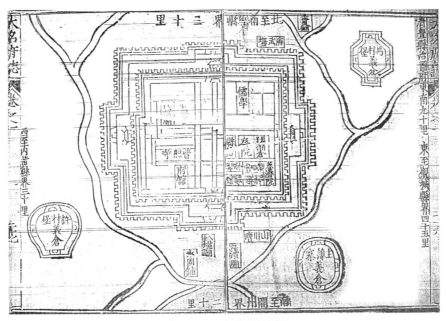

圖 2.34　清豐縣治圖

（資料來源：〔清〕康熙《大名府志》卷一，第 26～27 頁）

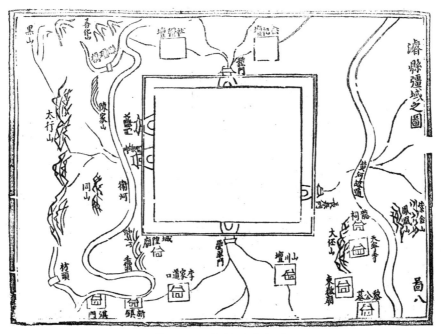

圖 2.35　濬縣疆域之圖

（資料來源：〔明〕正德《大名府志》卷首圖八）

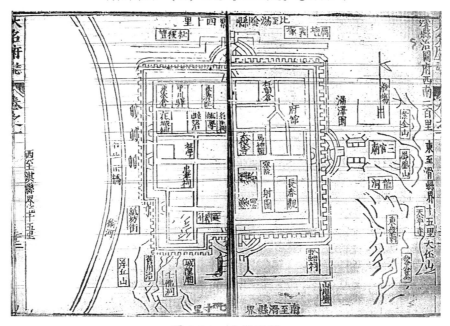

圖 2.36　濬縣治圖

（資料來源：〔清〕康熙《大名府志》卷一，第 32～33 頁）

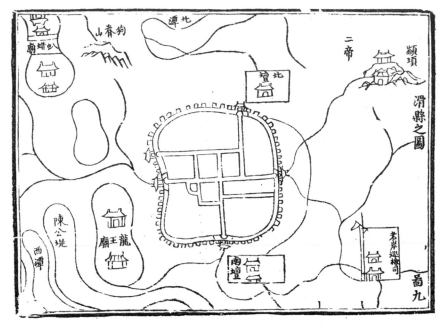

圖 2.37　滑縣之圖

（資料來源：〔明〕正德《大名府志》卷首圖九）

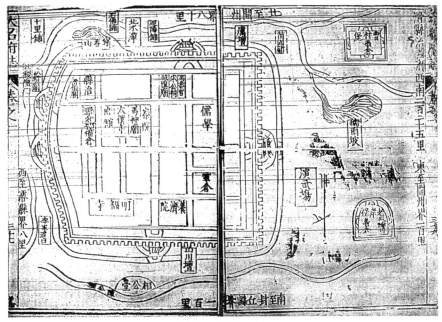

圖 2.38　滑縣治圖

（資料來源：〔清〕康熙《大名府志》卷一，第 36～37 頁）

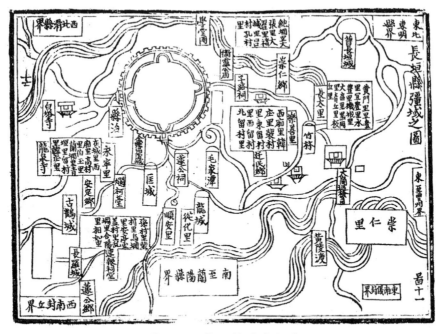

圖 2.39　長垣縣疆域之圖

（資料來源：〔明〕正德《大名府志》卷首圖十一）

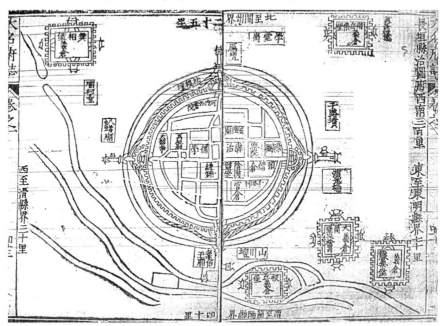

圖 2.40　長垣縣治圖

（資料來源：〔清〕康熙《大名府志》卷一，第 42～43 頁）

圖 2.41　永年縣廣府城東門甕城　攝於 2006 年

（資料來源：自攝）

圖 2.42　永年縣廣府城南門　攝於 2006 年

（資料來源：自攝）

2.6　小結

　　明代北直隸城池之營建與修葺，與明朝發展格局相對應，除都司衛所〔註76〕外，始創於明朝的州或縣者共 20 個外，多因襲舊土城，明代前中期由於政治和社會現實導致的北直隸很多城市長期處於城垣頹圮，甚至沒有城牆的狀態，一些州縣或因地理條件變故而徙置。除洪熙與泰昌朝外，各朝都有城池修葺，其規模和影響最大者，以永樂朝（營建北京城）居首，其修葺次數最多者，以嘉靖朝居首，萬曆朝次之，正德朝再次之，永樂朝、宣德朝與建文朝並列而居末。從甃砌磚城（盡甃或易磚以垛）的角度考察，以正德朝居首，崇禎朝次之，嘉靖朝和萬曆朝再次之，下以隆慶朝、成化朝和景泰朝大體相當，餘各朝建樹無多。

　　以城池規模與等級情況考察，大體以府、州、縣遞減，間或略有出入者，蓋因建置分合之故，如安州〔註77〕（5 里 30 步）轄新安縣（7 里 13 步）。但是，這個關於北直隸的城池規模統計研究說明，明代北直隸地方城市的行政等級並不決定城市規模。

　　北直隸城市以規則的矩形城垣居多，亦有少量不規則的八角形、半圓形、橢圓形、L 形、T 形等，這一點和明代江南地區的城市具有明顯區別。除了北京城之外，其他北直隸城市只有一套城牆，府州城一般每邊開一門至二門，縣城一般每邊開一門，亦有象嘉靖年間雄乘縣城北邊不開門的例子。北直隸城市中乾道成十字街、井字街布置是比較常見的街道坊巷形態。

〔註76〕衛所制是明初最基本的軍事組織制度，衛所作為最基層的軍事組織，其職能綜合起來主要看有以下幾點：第一，為大的征伐提供兵源，遇有戰事則奉命隨總兵官出征。第二，定期守邊，這就是明代的班軍制度。第三，守護城池、防禦盜賊。各衛所軍均按一定的比例分為「守軍」與「屯軍」，負責守城與巡捕事務。第四，轉運漕糧。明代的漕運分軍運與民運兩種，軍運任務則主要由沿途衛所軍承擔。第五，從事屯田、打造軍器。即所謂的「軍屯有田，軍器有局」。明中期以後，隨著衛所制的敗壞，衛所軍基本上已失去其原有的作用，作為一代軍事制度象徵的衛所也淪為駐兵的場所。

〔註77〕河北省地方志編纂委員會整理點校，〔民國〕河北通志稿（一），北京：北京燕山出版社，1993，第 133 頁：「安州，洪武二年七月，葛城縣省入安州，洪武七年七月，省新安縣入安州；十三年十一月，復置，洪武七年，安州降為縣，十三年十一月，復為州。」另參見清文淵閣《四庫全書》版，《畿輔通志》卷二十五，第 21 頁：「新安縣，舊有土城，金章宗所築，元至元二十二年（1285），沒於水；成化、弘治、正德、嘉靖相繼修葺；萬曆中（1573～1619），先卯開一門於南門之左，修築卯牆，高八尺；崇禎中（1628～1644），卯築四門甕城易土以磚，濬重池，規制益備。」

第3章　明代北直隸府州縣衙署

3.1　概述

　　衙署一詞是從唐宋時期的城中之城「牙城」一詞演變而來，牙城之名來源於唐代節度使的治所大門前所懸掛的「牙旗」，懸掛有牙旗的地方治所之所在地也就被稱爲了「牙城」，也稱「子城」，這是相對於其外城——「羅城」而言的。因此，牙城應該是一座城市的權力中心所在，或與後世將「牙」與「衙」音義相通，逐漸以「衙城」而稱之，後又轉稱爲「衙署」。

　　衙署是中國古代官吏辦理政務的處所，可分爲中央官署及地方官署兩大類。唐以前官署的具體形制已不可考。唐宋衙署建築在文獻上有相關的記載，如從南宋《平江府圖碑》和宋刊本《咸淳臨安志》所載的南宋《臨安府治圖》中能略知宋代衙署之大概。元代衙署實物，如今僅發現二例：山西新絳縣元代絳州府衙和山西霍州州署大堂（圖）。明清時期，中央官署六部五府等已不復存在，僅在清《乾隆京城全圖》中尚可一窺其規模和形制；地方官署還有少量遺存，如清代河南內鄉縣衙、南陽府衙、葉縣縣衙、河北保定直隸總督府衙等，但大多屢毀屢修歷經更易。

　　中國古代有「居中爲尊」的觀念，《周禮·天官》即稱：「凡官府都鄉州及都鄙之制，治中受而藏之。」鄭玄注曰：「中者，要也。謂職治簿書之要。」意在強調官署的中心地位和重要職能。實際上，古代地方官署並無固定的方位，眞正能到做到擇中而立者並不多見。不管怎樣，官署所在多處於一個城市人口較多、交通繁忙的地方，也是中國古代城市空間的特徵之一。一個值得注意的是中國古代城市地圖中對治所衙署之類官方建築的關注與強調，例如從漢代的《寧城圖》到明清時代的《（嘉靖）撫州府圖》、《（道光）薊州志》圖等，也幾乎成爲一種慣例。

　　《明史》和《明會典》中有關於宮室、王府、郡王府、公主府、百官第

宅和庶民廬舍的建築制度規定，諸如《明會典》在禮部儀制清吏司條下收錄了房屋器用等第的規定（卷五十九禮部十六），在工部營繕清吏司條下收錄了內府造作、王府制度（卷一百四十七工部一）與城垣、壇場、廟宇、公廨、倉庫、營房等規定（卷一百五十四工部八），這些制度對明清之際的建築與城市格局的影響深遠。﹝註1﹞從一些文獻中可以推斷，洪武朝創設了一套建築制度，由於存世的記載並不完備，以及實物遺存的匱乏，研究難度較大。

3.2　唐宋元地方城市衙署選址與分佈——一個長時段的考察

秦代至魏晉南北朝時期，地方佐吏主要由地方長官辟屬﹝註2﹞，中央不得干涉。﹝註3﹞就行政體系來看，地方行政機構也極為簡單，城市中的衙署，一般只有州治、郡治或者縣治，其選址方位，州治與郡治一般位於子城之內（附錄E 中國古代部分子城史料）。

隋代地方佐吏的選拔與考核制度發生變化，任免權由地方收歸中央，隋開皇三年（583），隋文帝將以往州、郡、縣三級地方機構改為州、縣兩級制，合併部分州縣；隋煬帝時又改州為郡，地方「大小之官悉由吏部，纖介之跡皆屬考功」﹝註4﹞，城中衙署數量仍然不多。

唐代的方志存世寥寥，單從宋代方志及存世圖像的分析，唐代衙署基本置於子城之內。唐代各州子城羅城之設，多見於史籍，例如唐代《元和郡縣圖志》記載唐興元二年（785年）修建鄭縣羅城：「鄭縣，本秦舊縣，漢屬京兆，後魏置東雍州其縣移在州西七里。大業二年（606年），州廢移入州城隸屬雍州，至三年，以州城屋宇壯麗置太華宮，縣即權移城東，四年宮廢又移入城望郭下。古鄭縣在縣理西北三里，興元二年新築羅城及古鄭城並在羅城內。」﹝註5﹞僅就唐宋時代的府州城而言，往往在城中復建城池曰子城，作為

﹝註1﹞ 例如，白穎，明洪武朝的建築群規模等級規範體系淺析〔J〕，建築師，2007（6）：79～86。

﹝註2﹞ 由長官自主配置僚屬的制度，在我國古代政治中稱為「辟署」，亦曰「辟除」、「辟召」和「辟舉」。

﹝註3﹞ 參見嚴耕望，中國地方行政制度史‧魏晉南北朝地方行政制度，臺北：學生書局，1997。另外一個版本，同上，上海：上海古籍出版社，2007。

﹝註4﹞ 《隋書》卷七五《儒林‧劉炫傳》，北京：中華書局，1973：1721頁。

﹝註5﹞ 《元和郡縣圖志》是現存較完整的一部唐代全國性圖志，由李吉甫纂著，該書

府州治所，浙江十一府州莫不如此。

　　《淳熙嚴州圖經》「建德府內外城圖」中（圖 3.1），只有東通判廳在子城之外（圖 3.2），而通判一職設於宋代〔註6〕，所以唐代建德府的所有衙署應該都集中於子城之內；在《嘉定赤城志》「羅城圖」中，司理院、判官廳設於子城之外，在《嘉定赤城志》中未記載司理院、判官廳的設置時間，《宋史・太宗本紀》太平興國四年（979 年）十二月「丁卯，畋近郊。置諸州司理判官」〔註7〕之句說明司理、判官乃宋初所添設，倘若剔除在子城之外創建於宋代的司理院、判官廳，則唐代台州所有的衙署都在子城之內。

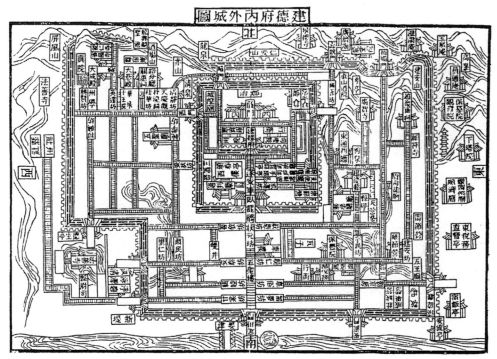

圖 3.1　《淳熙嚴州圖經》建德府（今浙江建德）內外城圖
（資料來源：《淳熙嚴州圖經》）

成於元和八年（813），原本 40 卷，目錄 2 卷，北宋圖佚後改名《元和郡縣志》，傳於今世仍有 34 卷，收錄於《四庫全書》。此處引文採自：清文淵閣《四庫全書》版，《元和郡縣志》第 2 卷，第 12 頁。

〔註6〕　宋代在州郡設通判，作為副職，與權知軍、州事共同處理政事，其職責為：「凡兵民、錢穀、戶口、賦役、獄訟聽斷之事，可否裁決，與守臣通簽書施行」，以及「所部官有善否及職事修廢，得刺舉以聞。」

〔註7〕　清文淵閣《四庫全書》版，《宋史》卷四《太宗本紀》，第 14 頁。

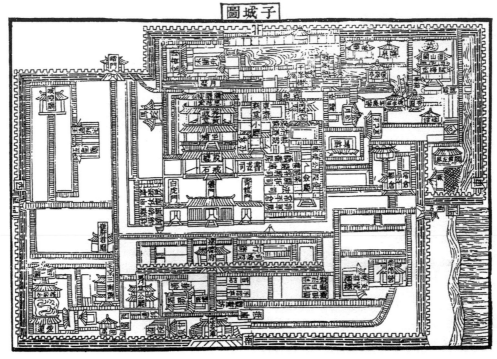

圖 3.2 《淳熙嚴州圖經》建德府（今浙江建德）子城圖
（資料來源：《淳熙嚴州圖經》）

　　宋朝的地方行政基本上是兩級制，即府州軍監為一級，縣為一級。府州
軍監以上的大區稱「路」。路一級的機構和職官，有監司和帥司。監司包括：
「漕司（即轉運司，長官稱轉運使），負責一路的財賦和監察；憲司（即提點
刑獄司，長官稱提點刑獄公事），負責一路刑獄；倉司（即提舉常平司，長官
稱提舉常平公事）負責一路的倉儲。帥司，即安撫司（經略安撫司），長官為
安撫使。宋代還在州級城市設立了通判一職，作為知州的佐貳官。但是，宋
代轉運使、安撫使和提點刑獄公事的衙署只在少數城市才有，在《淳熙三山
志》中記載了轉運行司、提點刑獄司、提舉行司等衙署的設置始末〔註8〕；而
通判的衙署在地方城市中較為常見。在文獻資料中，宋代新設的通判廳大多
在子城裏面或附近。《淳熙三山志》卷七「通判廳」記載：

　　　　帥屬廨舍……紹興五年（1133）增置通判以為通判廳，十一年
　　　初置參議猶寓他所，至十九年通判移戚武軍之東，後乃以為參議廨
　　　舍。

〔註 8〕〔宋〕梁克家撰，《淳熙三山志》卷七《公廨類一》，第 13～18 頁。

通判廳，州舊通判一員，廳於威武軍門內之西。熙寧九年通判方蓁建宅堂，元祐四年通判雷豫建廳門，建炎四年通判葉擬建長樂堂於其東。紹興五年，增一員，始居旌隱坊北。十九年（1149）通判葉仁以日趨都廳不便，乃請於朝，以威武軍之東故知錄司戶廳合而爲廨舍。秦呼門內通判爲東通判，門外通判卻爲西通判。淳熙五年（1178）復置添差鹽務通判寓轉運行司之東偏。〔註9〕

再如《新安志》卷一：通判軍州事一員，諸州置通判，自建隆四年（963）始，陳恭公安定先生皆嘗來爲此官，廳在州衙東。〔註10〕

《吳郡志》卷六：通判東廳在郡治之西，紹興九年通判白彥惇建……通判西廳在城隍廟後，依子城東南隅。〔註11〕

在《淳熙嚴州圖經》「建德府內外城圖」中，嚴州通判廳位於子城之內西南角，添差通判廳位於子城之外緊鄰城壕的東側；而在《嘉定赤城志》「羅城圖」中，台州通判廳亦位於子城之內。但也有通判廳建於子城之外較遠的地方，如常州通判衙署，李孝聰認爲這種特殊的情況，主要是由於常州城在五代十國兩次增築之後，經濟的發展使得靠近運河的外城逐漸成爲商業重心區和官紳住宅區，所以「專主戶籍、錢穀、賦役之責的通判衙署也設在這塊區域內就毫不奇怪了。」〔註12〕大體上，通判廳的選址受到子城的影響，基址位於子城之內或者附近，更確切的說法也許是受到治所的影響，因爲治所通常是一座中國古代城市的政治中心，而在常州這樣的城市中亦會產生變化。

元代警巡院、錄事司是當時不同等級規模的城市建制，分別與大都、上都、諸路府整合，形成了元代不同等級、不同規模的建制城市，例如杭州作爲行省中心，建置有若干個城市錄事司——至元十四年置4個，泰定二年並爲2個，元統二年復立4個；所以，元代地方城市相應出現了錄事司衙署。例如《至元嘉禾志》記嘉興路「錄事司在郡治西北二百步，舊監倉東廳也」〔註13〕；《延祐四明志》

〔註 9〕〔宋〕梁克家撰，《淳熙三山志》卷七《公廨類一》，第17～18頁。

〔註10〕〔宋〕羅願撰，《新安志》卷一，第19頁。

〔註11〕清文淵閣《四庫全書》版，〔宋〕范成大撰，《吳郡志》卷六《官宇》，第18頁。

〔註12〕李孝聰，唐、宋運河城市城址選擇和形態的研究。《環境變遷研究》第四輯，北京：北京古籍出版社，1993：172。

〔註13〕〔元〕單慶修，徐碩纂，《至元嘉禾志》，至元二十五年（1288年）刊行，卷第七《學校》，第9頁。中華書局編輯部編，《宋元方志叢刊》第5冊，北京：中華書局，1990：4462。

記慶元路「錄事司在西南隅迎鳳坊，宋府院故址。」〔註14〕《永樂大典》收錄的「潮州城圖」中〔註15〕，錄事司位於子城之外（圖 3.3）。又如安徽寧國府府治在子城內：「至元爲寧國路，國朝歸附之初改寧安府，後改宣城府。吳元年始改寧國府，府治在城東隅子城內。宋紹定中知府汪繹所建，元爲肅政廉訪司，國初爲樞密院，又爲元帥府，洪武己酉制令知府置廨署。」〔註16〕

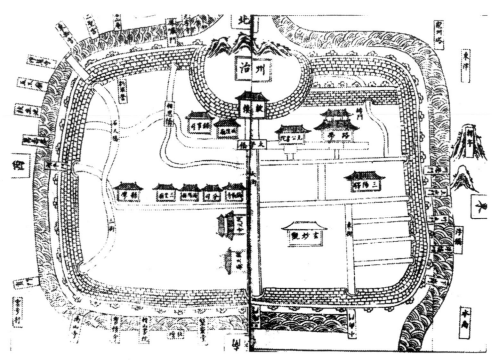

圖 3.3 《永樂大典》元代潮州城圖

（資料來源：《永樂大典》卷之五三四三）

　　總體上宋代地方城市中衙署圍繞子城（或者治所）而選址並未發生根本性的變化。唐宋元時期的縣級行政體制幾乎沒有根本性的變化，地方機構較爲單一，基本圍繞縣治選址，譬如《嘉定赤城志》之「黃岩縣治圖」「寧海縣治圖」中所反映的那樣。

〔註14〕　〔元〕袁桷撰，《延祐四明志》，元延祐七年（1320 年）修，卷八《公宇》，第8 頁。中華書局編輯部編，《宋元方志叢刊》第 6 冊，北京：中華書局，1990：6261。

〔註15〕　《永樂大典》卷之五三四三。

〔註16〕　〔明〕王直，《抑庵文集》後集卷五，《寧國府重修府治記》，第 24 頁。

3.3　明代北直隸衙署選址與分佈

明初實行一省都、布、按三司分立，三司並爲封疆大吏，原爲避免地方權力過於集中，自宣德以後開始有派部（六部）、院（都察院）大臣以「總督」、「巡撫」職銜督撫地方的臨時措施。景泰以後，地方多事，逐漸普遍設立，成爲常制。嘉靖以後，內憂外患連年不斷，各地普遍設立節制都、布、按三司的總督和巡撫。明末增設漸多，崇禎年間「時各督撫四十有一，府之濫極矣」。總督主要署理軍務，實際有兩種，一種短暫設置、數年即罷的，一種比較長期固定的設置的，有薊遼保定、宣大山西、陝西三邊、兩廣四總督。巡撫主理民政，兼理軍務，每省皆有，轄區大小前後差異很大，有的一巡撫轄兩布政使地，如宣德、正統間的山西河南巡撫，有的一省一巡撫，如正統以後的福建巡撫，有的一省有幾個巡撫，如北直隸有順天、保定、宣府三巡撫。總督、巡撫不僅轄區與三司不一致，駐地也不一定在省會。如薊遼保定總督駐在密雲，防秋駐昌平，宣大山西總督先後駐過宣府、懷來、陽和等地。巡撫主民政，故大部分巡撫與布政使司駐省會。但也有例外，如順天巡撫駐遵化，保定巡撫駐眞定等。總之，明一代總督巡撫始終是中央派出的欽差大臣。

因此，與宋元相比，明代府州縣中衙署的數量增加了。明代地方行政體系已在本文第一章簡述，其中府州縣衙署主要分爲府衙、州衙、縣衙三級，設置輔助衙署布政分司和按察分司，其衙署爲省級兩司官員巡例所至駐紮之所；還有一些城市設有軍事機構——衛所。明代由布政司、按察司屬官參政、參議、副使、僉事分司諸道，雖然諸道不是一級行政區，但是在相應城市中也建有道的衙署。此外，明代設置都察院總領監察事務，其屬官十三道監察御史責察地方官員，於是在地方城市便出現了都察院與察院衙署，都察院爲巡撫至縣駐紮之所，察院爲巡按至縣駐紮之所〔註 17〕，都察院與察院僅一字之差，卻是兩個建築。其他還有諸如惠民藥局、養濟院、漏澤園等恤政衙署；預備倉、常平倉等賑濟倉儲衙署；急遞總鋪、驛站、養馬場等鋪舍衙署。

來看一個實例，《嘉靖霸州志》「州城之圖」上標有按察司、都察院、察院三座建築（圖 3.4），卷二《宮室志》云：

〔註17〕 王天有，明代國家機構研究，北京：北京大學出版社，1992。

　　都察院在兵備道東，嘉靖戊申（1548）兵備周公復俊改建。大門三楹，儀門三楹，東西角門各一楹，東西皂隸房各三楹，前堂五楹，後堂五楹，廚房三楹，隸書房三楹，大門外官房三楹。

　　察院在兵備道西，成化丙申（1476）知州蔣愷建，弘治乙丑（1505）知州趙琮修，嘉靖己亥（1539）知州郭份重修。大門三楹，儀門三楹，東西角門各一楹，東西皂隸房各三楹，前堂五楹，後堂五楹，廚房二楹，隸書房二楹，大門外官房四楹。〔註18〕

圖 3.4　霸州城圖

（資料來源：嘉靖《霸州志》）

　　《嘉靖河間府志》「府城圖」（圖 3.5）除了描繪府治衙署之外，還有按察司、察院、大同衛、河間衛、瀋陽衛、守備廳；《嘉靖磁州志》「磁州城圖」（圖3.6）繪製了都察院、察院、按察司、守禦所等，從選址來看，這些衙署在城內佈置得比較分散。縣級城市基本如此，如《嘉靖廣平府志》在各縣圖中，除了繪製縣衙之外，也繪製了察院、公館（圖 3.7）。

〔註18〕　嘉靖《霸州志》卷二《宮室志》，第 1～2 頁。

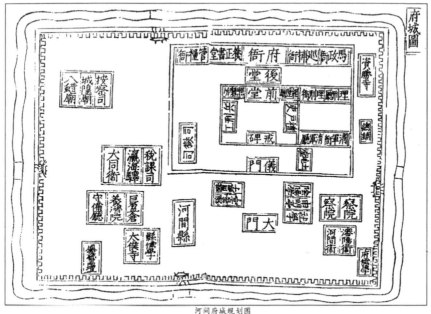

圖 3.5　河間府府城圖

（資料來源：嘉靖《河間府志》）

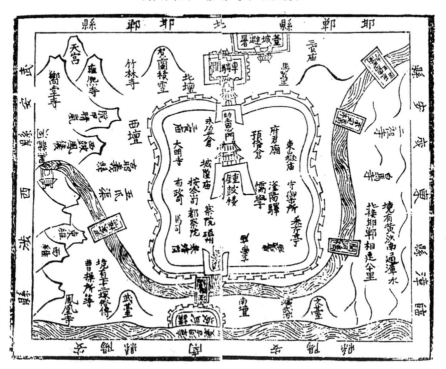

圖 3.6　磁州城圖（資料來源：嘉靖《磁州志》）

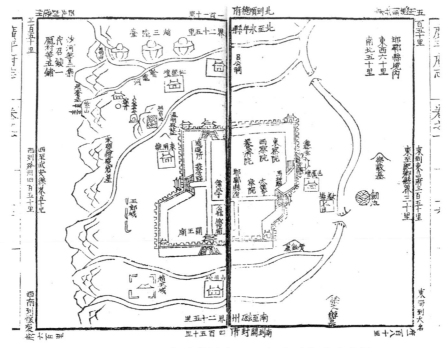

圖 3.7　邯鄲縣城（資料來源：嘉靖《廣平府志》）

　　明代城市的一個顯著特徵就是子城的消失。郭湖生先生認爲「明代浙江方志記載元朝令各地墮毀城垣，禁止修城。以當時情勢論，當屬事實，惟此事不見於正史耳。於是羅城子城毀棄殆盡，外城雖後來修復，而子城之制乃絕。……明代大修城池，近世所見皆其時物。雖亦頗因舊跡，惟築外垣，而子城則蕩然無存。且明代地方城市，南北亦頗異趣：南方多存宋代舊貌；北方則常置鼓樓於十字街口，爲前所未有。其嬗遞脈絡，未可遽論。唐宋州軍子城雖已不存，因其重要性而爲治史者所必知：子城聚一州之精華，軍資、甲仗、錢帛、糧食、圖書文獻檔案，皆蓄於此。子城爲一州政治核心，政府、廨舍、監獄皆設於其間，子城鼓角司城市生活行止之節；建築壯麗，爲全城觀瞻所繫。」〔註19〕

　　成一農先生認爲，宋初毀城之後，無論南宋還是北宋都一再堅持不鼓勵築城的政策，「在宋、元以及明代前期長達六百餘年的時間裏的城牆政策，主要以毀城和不修城的政策爲主，但這三個王朝長期執行毀城和不修城的政策

〔註19〕 郭湖生，子城制度——中國城市史專題研究之一，（京都）《東方學報》五十七冊，1985，此處採自郭湖生，中華古都：中國古代城市史論文集（增訂再版），臺北：空間出版社，2003：163～164。

的動機卻不盡相同。」〔註20〕

　　子城在明代城市中的消失帶來了北直隸城市的一個特徵：衙署選址的靈活性。因爲子城的消失，使得隨著明代行政體系確立而滋生的眾多衙署在選址上有了更多的選擇。從現存的方志來觀察，難以概括性地描述它們在城中的選址方位，也就是不局限於聚集在城市的某一區域，諸如宋元時期的子城附近。

　　上述這一個長時段的考察，主要探討明代北直隸府州縣衙署選址與方位的靈活性，這是明代城市不同於前朝唐宋金元城市之處，從中可以發現政治因素如明代行政體系與職官制度是如何具體地影響了中國明代城市職能建築的分佈，從而改變了明代城市的平面與空間形態。

　　接下來以北直隸眞定府（今河北省正定縣）爲例，探討元代的眞定路子城被毀及其在明代消失之後的情形。萬曆《眞定縣志》卷一《輿地》云：唐初析置橫山縣，後改曰中山，屬恒州，神龍初復名眞定，置鎮州，治此。五代因之，宋置眞定府治此，金因之，元置眞定路治此，國朝改路爲府，以縣爲附郭，編户一十八里（今省四里）。〔註21〕《舊唐書》、《新唐書》與《元和志》都記載唐中宗神龍初於眞定置恒州，元和十五年（820），因避穆宗李恒諱，始改恒州爲鎮州。關於眞定府城池的構築，嘉靖《眞定府志》云：

> 府城，眞定縣附郭。宋元以降並依舊城修茸。皇明正統己巳（1448年）之變，都御史陸矩會御史陳金，增築城址，濬治壕塹，造器械爲固守計，以後各修茸不常。凡雉堞聳峙，實爲西北之保障云。周圍二十四里三丈，闊二丈五，外甃以磚，門四。東曰迎旭，南曰長樂，西曰鎮遠，北曰永安。池二十五里，闊十丈深一丈許，西北有泉抱流四圍，水遍荷蓮，堤森榆柳。〔註22〕

萬曆《眞定縣志》記載甃砌城池的始末：

> 城池。城周圍二十四里，高三丈二尺，門四，各附月城，又各建樓。東曰迎旭，南曰長樂，西曰鎮遠，北曰永安。四隅各有角樓，

〔註20〕成一農，宋、元以及明代前期城市城牆政策的演變及其原因。中村圭爾，辛德勇編，中日古代城市研究，北京：中國社會科學出版社，2004：179。

〔註21〕萬曆《眞定縣志》卷一《輿地》。唐以前的眞定歷史沿革，可參見嘉靖《眞定府志》或萬曆《眞定縣志》。

〔註22〕〔明〕唐臣修，雷禮纂，嘉靖《眞定府志》卷十八《兵防》，明嘉靖二十七年刻本，第29頁。

舊土築，今易以磚。隆慶五年（1571），知縣顧綬奉兩院司府明文經始，至知縣周應中申動府銀六萬餘，於萬曆四年（1576）落成。池闊十餘丈，深丈餘，城外河水抱流。〔註23〕

梁思成先生曾於 1933 年 4 月調查正定古建築，在《正定調查紀略》中形容陽和樓像一座縮小的天安門：「很高的磚臺，上有七楹殿，額曰陽和樓，下有兩門洞，將街分左右，由臺下穿過。」〔註24〕（圖 3.8〜3.9）

圖 3.8　正定陽和樓北面（攝於 1933 年）

（資料來源：梁思成，正定調查紀略，《中國營造學社彙刊》第四卷第二期，1933：30）

曹汛先生考證正定的陽和樓是鎮州府子城的南門陽和門，並且有詩為證：「劉因有《登鎮州陽和門》詩云：『百尺市門起，重過為暫停。毫分秋物色，米聚趙襟形。北望雲開嶽，東行氣犯星。憑闌天宇在，人事聽浮萍。』元人納新《河朔考古記》卷上：『真定路之南門曰陽和，其門額完固，上建樓櫓，以為真定帑藏之巨盈庫也，下作雙門而無根臬，通過而已。』……梁先生所見之陽和樓，正是元代拆除宋代鎮州州城和子城之後，保留著元代州鎮

<hr>

〔註23〕萬曆《真定縣志》卷一《輿地》。
〔註24〕梁思成，正定調查紀略，載於：《中國營造學社彙刊》第四卷第二期，1933：9。

子城南門，初稱陽和門，後稱陽和樓，原來州鎮子城的雙門當然是有根桌有
門扇可開閉的，元代拆城廢城之後，子城城垣一體不存，只剩一孤零零的南
門，通過而已，也就不再設門扇司開關，門上的建築則用作譙樓，於是陽和
門也就改作陽和樓。」〔註25〕

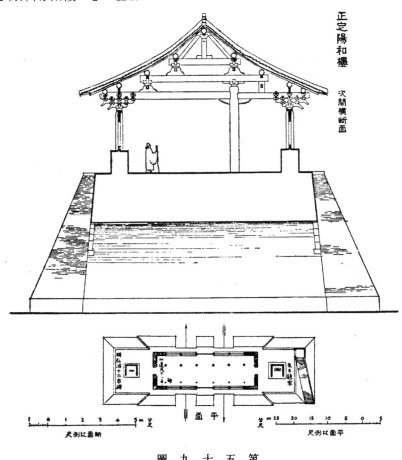

正定陽和樓

次間橫斷面

圖 九 十 五 第

圖 3.9　正定陽和樓平面與剖面圖

（資料來源：梁思成，正定調查紀略，《中國營造學社彙刊》第四卷第二期，1933：30）

陽和樓建於元代至正十七年（1357）〔註26〕，明人石珤〔註27〕曾寫道陽

〔註25〕曹汛，傷悼郭湖生先生，建築師，總第 130 期，2008（3）：107。曹文所引「其
　　　　門額完固」之句，清文淵閣《四庫全書》版納新《河朔考古記》卷上第 8 頁
　　　　作「其門顏完固」。

〔註26〕清文淵閣《四庫全書》版，《明一統志》卷三，第 16 頁：陽和樓在府治南，
　　　　元至正間建，本朝洪武中重修，置更漏於上。《畿輔通志》卷 54，第 8 頁：陽

和門爲子城南門，陽和樓並於弘治己未（十二年，1499）重新修葺：「眞定爲京師輔郡，當南北襟喉之衝，諸方文軌道必由郡而入。我國家重熙累洽化導百餘年，禮樂名物，大復先王之舊，非復元季喪亂之日。故雖池臺樓樹苟可以爲民表者，亦皆巍然煥然，若今陽和樓是也。陽和舊傳爲郡子城南門，以今揆之適當城之中，負坎向離地局平正，市鏖井陌環列四周。上置五更漏，刻有星人司焉，以候晨夜，蓋古者登靈臺望雲物占象考瑞，以授人時，其制度之大焉，而不可闕者也。……俾葺而新之……蓋經始於弘治己未之三月，不十旬而功告成矣。」〔註28〕由此可見，正定原來的子城在元代被毀，明代已經沒有了正定子城制度。

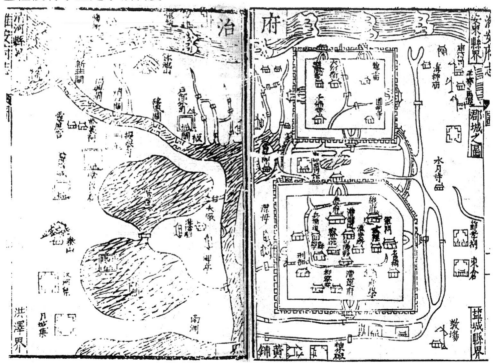

圖3.10　萬曆《淮安府志》淮安府城圖（資料來源：萬曆《淮安府志》）

和樓在府治南，元至正十七年建。

〔註27〕　石珤（1464～1528年），字邦彥，北直隸藁城人，明成化末年進士，嘉靖三年以吏部尚書兼文淵閣大學士。《明史》有傳，論石珤等人「清忠鯁亮，卓然有古大臣風」，後因直諫而失意。

〔註28〕　〔明〕石珤撰，熊峰集，卷五，《重修陽和樓記》，第30～31頁。另外，石珤撰，熊峰集，卷四《題陽和樓》：南北襟喉此路岐，一方鉦鼓控三陲，不妨樓觀高千尺，剩爲江山得幾詩。平仲有才當鎖鑰，細侯無事下襜帷，登臨幾觸先憂眼，廊廟江湖有所思。

　　倘若僅就明代一朝之內來探討，有時候並不易發現子城被拆毀而對於城市平面形態的影響這類問題。或許，從相對動態的一個時段來考察，各個城市由於特徵不同，還包括因一些特殊事件所引發的城市功能而來的機構或設施，或多或少地會影響到城市空間格局和生活。例如，明景泰二年（1451 年）開始設漕運總督於江蘇淮安〔註 29〕，萬曆七年（1579 年）都御史雲翼將淮安府署遷往城隍廟東，移總督漕運部院於淮安府原址（圖 3.10），不可避免地導致官僚士大夫活動中心區域（行政中心）的挪移。

　　那些不是創建於明代的北直隸城市，其治所衙署大多在元代就已設置，它們在城市中的選址座落方位基本就是承襲元代，其明代建築也就是在元代基礎上重建或者重修。

　　施堅雅在《清代中國的城市社會結構》一文中認為：清代北京的情況所闡明的城市生態模式，也許可以普遍適用於中華帝國晚期的城市。這一模式的特點有兩個核心：一個是商業活動中心，一個是官僚士大夫活動中心〔註 30〕，「城市縉紳的宅第常結集在與他們有極大利害關係的官署附近。書院、書肆、文具店、舊書攤，喜歡設在學宮、貢院的臨近〔註 31〕，城裏縉紳核心區則常位於衙門的學官一側。」〔註 32〕地方城市大體包含府州縣治等行政機構，儒學、陰陽學與醫學等文化及恤政機構，山川壇、社稷壇、厲壇等禮制及祭祀場所，都、司、衛、所等軍事機構，它們構成了官僚士大夫活動中心；以及商市與居民區等構成的商業活動中心。傳統中國城市的中心是治所衙署，從相對靜態的長時段來看，上述觀點或許適用於中國明清城市社會結構。清華大學白穎的博士論文《明代王府建築制度研究》研究揭示，明代王府的分封給地方城市具體形態和結構帶來了另外一個「禮儀中心」。〔註 33〕

〔註 29〕萬曆《淮安府志》，《天一閣藏明代方志選刊續編》（8），上海：上海書店。

〔註 30〕〔美〕施堅雅（G. William Skinner）主編，清代中國的城市社會結構。中華帝國晚期的城市〔M〕，葉光庭等譯，陳橋驛校，北京：中國書局，2000 年 12 月：第 634 頁。

〔註 31〕原載於章生道：《中國縣城城市地理面面觀》，載《美國地理學家協會年刊》，第 51 卷，第 1 期（1961 年 3 月），第 37～38 頁。此處引自同上，第 636 頁。

〔註 32〕〔美〕施堅雅（G. William Skinner）主編，清代中國的城市社會結構。中華帝國晚期的城市〔M〕，葉光庭等譯，陳橋驛校，北京：中國書局，2000 年 12 月：第 636 頁。

〔註 33〕白穎，明代王府建築制度研究〔博士學位論文〕，北京：清華大學建築學院，2007：263～316，指導老師王貴祥。

由於文獻資料和實物建築的局限，本文下面所論述的衙署基本只限於北直隸府州縣的治所衙署。衙署規制與官員品級相關，先來瞭解一下明代府州縣的設官制度。

3.4 明代設官與衙署

3.4.1 知府

國家在府一級設置的職官，《明史·卷七十五·職官志》載：「府。知府一人，正四品，同知，正五品，通判無定員，正六品，推官一人，正七品。其屬，經歷司經歷一人，正八品，知事一人，正九品，照磨所，照磨一人，從九品，檢校一人。司獄司，司獄一人。」知府為一府的主管，「掌一府之政，宣風化，平獄訟，均賦役，以教養百姓。每三歲，察屬吏之賢否，上下其考，以達於省，上吏部。凡朝賀、弔祭，視布政使司，直隸府得專達。凡詔赦、例令、勘箚至，謹受之，下所屬奉行。所屬之政，皆受約束於府，劑量輕重而令之，大者白於撫、按、布、按，議允乃行。凡賓興科貢，提調學校，修明祀典之事，咸掌之。若籍帳、軍匠、驛遞、馬牧、盜賊、倉庫、河渠、溝防、道路之事，雖有專官，皆總領而稽核之。」同知、通判為佐貳官，無定員，「分掌清軍、巡捕、管糧、治農、水利、屯田、牧馬等事。」推官理刑名，贊計典。各府推官，洪武三年始設。經歷、照磨、檢校受發上下文移，磨勘六房宗卷。〔註34〕

知府的品秩曾因府的不同等級而有所差別，「明初，改諸路為府。洪武六年，分天下府三等：糧二十萬石以上為上府，知府秩從三品；二十萬石以下為中府，知府正四品；十萬石以下為下府，知府，從四品。已，並為正四品。」〔註35〕

3.4.2 知州

國家在州一級設置的職官，《明史·卷七十五·職官志》載：「知州一人，從五品，同知，從六品，判官無定員，從七品。里不及三十而無屬縣，裁同知、判官。有屬縣，裁同知。其屬，吏目一人，從九品。」知州為一州的主管，「掌一州之政。凡州二：有屬州，有直隸州。屬州視縣，直隸州視府，而

〔註34〕《明史》卷七十五，職官四。
〔註35〕《明史》卷七十五，職官四。

品秩則同。同知、判官，俱視其事州之繁簡，以供厥職。」〔註36〕

3.4.3　知縣

　　國家在縣一級設置的職官，《明史・卷七十五・職官志》載：「縣。知縣
一人，正七品，縣丞一人，正八品，主簿一人，正九品其屬，典史一人。」
知縣為一縣的主管，「掌一縣之政。凡賦役，歲會實徵，十年造黃冊，以丁產
為差。賦有金谷、布帛及諸貨物之賦，役有力役、雇役、借債不時之役，皆
視天時休咎，地利豐耗，人力貧富，調劑而均節之。歲歉則請於府若省蠲減
之。凡養老、祀神、貢士、讀法、表善良、恤窮乏、稽保甲、嚴緝捕、聽獄
訟，皆躬親厥職而勤慎焉。若山海澤藪之產，足以資國用者，則按籍而致貢。」
縣丞、主簿為佐貳官，設員不定，「分掌糧馬、巡捕之事」。典史為首領官，「典
文移出納。如無縣丞，或無主簿，則分領丞簿職。」〔註37〕

　　知縣的品秩曾因縣的不同等級而有所差別，「吳元年，定縣三等：糧十萬
石以下為上縣，知縣從六品；六萬石以下為中縣，知縣正七品；三萬石以下
為下縣，知縣從七品。已，並為正七品。」需要指出的是，知縣也並非一概
為正七品，京縣──北直隸之大興、宛平，南直隸之上元、江寧等四縣，為
示與他縣之區別，知縣均為正六品。同樣，京縣縣丞、主簿的品級也比普通
縣高一級，分別為正七品、正八品。典史皆為不入流。〔註38〕

3.5　明代北直隸府州縣治所衙署建築平面特徵

　　明代治所衙署規制並不見於正史，只在方志和筆記中有零星片斷。明初
盧熊撰洪武《蘇州府志》載：「洪武二年（1369），奉省部符文，降式各府州
縣，改造公廨，遂闢廣其地，撤而新之，府官居地及各吏舍皆置其中。」〔註
39〕中國地方官衙的建築格局到明代發生的一個變化是明洪武二年頒佈了衙署
規制，這一規制與前朝的不同，主要體現在「府官居第及各吏舍皆置其中」。
〔註40〕

〔註36〕《明史》卷七十五，職官四。
〔註37〕《明史》卷七十五，職官四。
〔註38〕《明史》卷七十五，職官四。
〔註39〕洪武《蘇州府志》蘇州府志圖卷，第 27 頁。
〔註40〕李志榮，元明清華北華中地方衙署個案研究（D），北京大學博士論文，2004
　　　　年。

《大明律‧工律‧營造‧有司官吏不住公廨》規定，有司官吏必須居於官府公廨，不許雜處民間：「凡有司官吏，不住公廨內官房，而住街市民房者，杖八十。」〔註41〕洪武初王禕《義烏縣興造記》載：「今天子既正大統，務以禮制匡飭天下。乃頒法式，命凡郡縣公廨，其前為聽政之所如故，自長貳下逮吏胥，即其後及兩傍列屋以居，同門以出入；其外則維以周垣，使之廉貪相察，勤怠相規，政體於是而立焉。命下，郡縣承奉唯謹。」〔註42〕其後記義烏依式建縣衙，於洪武十年畢工等事。此令明確指出，上自長官、佐貳，下至吏胥，地方政府的公職人員都要在官衙內居住、辦公，使之互為監視，動靜諸人共見，這樣的建築格局反映了朱元璋懲前元之舊弊，從制度上整肅吏治的思想。

明代衙署的建築格局還要受歷史遺留下來的衙署格局的影響。從文獻記載來看，許多在明初新修或重修衙署的格局的確遵循了新的規制，但也有些地方限於經濟條件或歷史格局的影響，並不完全符合新的規制，一些地方吏舍並未被納入到府州縣衙署之中。甚至有衙署官員設置單獨的出入口，可見於明代馮夢龍（1574～1646）纂輯話本小說《三言二拍》之《醒世恒言》第十九卷《白玉娘忍苦成夫》：「一路金鼓喧天，笙簫振地，百姓們都滿街結綵，香花燈燭相迎，直至衙門後堂私衙門口下車。」

另外，各級衙署是禮制等級的直接反映。《明會典》規定：一品二品，廳堂五間九架，屋脊許用瓦獸，梁棟斗栱簷桷，青碧繪飾；門屋三間五架；門用綠油；及獸面擺錫環。三品至五品，廳堂五間七架，屋脊用瓦獸，梁棟簷桷，青碧繪飾；正門三間三架，門用黑油擺錫環。六品至九品，廳堂三間七架，梁棟止用土黃刷；正門一間三架，黑門鐵環。〔註43〕《大清會典》的規定從一個側面也有助於瞭解明代衙署的建築規制情形：「各省文武官均設衙署。其制，治事之所為大堂、二堂；外為大門、儀門，大門之外為轅門；宴息之所為內室，為群室；吏攢辦事之所為科房。大者規制具備，官小者以次而減，佐貳官復視正印官為減，布政使司、監運使司、糧道、鹽道，署側皆設庫。按察使司及府、廳、州、縣署側皆設庫獄。教官署皆依於明倫堂。各

〔註41〕《皇明世法錄》卷48，「有司官吏不住公廨」條，《四庫禁燬書叢刊》史15，第316頁。

〔註42〕王禕，《王忠文集》卷九，影印文淵閣《四庫全書》集部，別集類，明洪武至崇禎。

〔註43〕《明會典》卷五十九，禮部十六，房屋器用等第條。

州及直隸州皆設考棚，武官之大者，於衙署之外，別設教場、演武廳。」

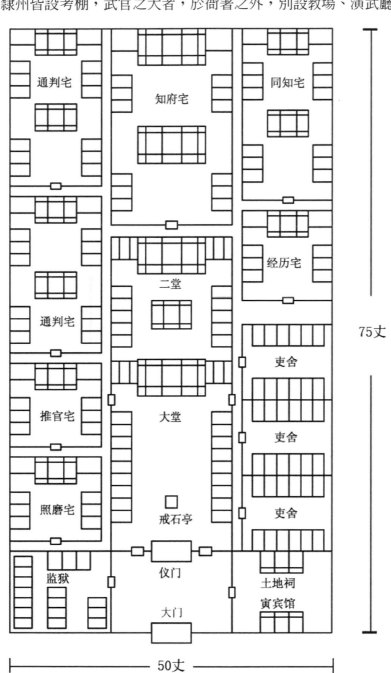

圖 3.11　府衙形制

（資料來源：自繪）

　　明代北直隸治所衙署根據所在地區地理條件和經濟條件的不同，有的較
為宏敞，有的則較為簡陋。按照功能分區，可分為：治事之所、宴息之所、
吏攢辦事之所、儀禮宣教之所以及衙署內的祠廟等部分。大多數治所衙署有
三個共同特點：一是封閉性，四面以高牆與外界相隔；二是形制四方規整，
中間有一條顯著的中軸線。三是建築平面規制分中路、東路、西路。在中軸
線上，依次排列著府州縣門、儀門、大堂、二堂、三堂等中路建築群。中路
建築群大致可分為三段：儀門之前主要是禮儀性的建築；儀門至二堂或三堂
為府州縣衙的核心區域，為知府知州知縣辦案、辦公之所；二堂或三堂之後，
為知府知州知縣內宅。中路建築兩側，則分佈東路、西路建築群，是次要輔
助性功能房屋與院落為主的左右兩個輔軸線，即佐貳官縣丞、主簿和首領官
典史等的衙門和宅邸，以及吏廨、監獄、倉庫等建築（圖 3.11）。

　　從洪武二年朝廷「降式各府州縣，改造公廨」，北直隸開始大規模修建衙
署，以大名府為例，大名府轄領一州十縣，即開州、元城縣、大名縣、魏縣、
南樂縣、清豐縣、內黃縣、浚縣、滑縣、東明縣、長垣縣。其中東明縣由於
在明弘治才設立，所以其衙署設立於弘治；元城縣署「洪武三十五年（1402），
知縣趙玉自舊府城徙建於此。成化四年（1468），知縣王安重修」〔註44〕，除
此之外，南樂縣署、開州署、長垣縣署重建或修葺於洪武元年，魏縣署、內
黃縣署於洪武二年，大名府署、大名縣署、清豐縣署、浚縣署於洪武三年，
滑縣縣署洪武八年。〔註45〕保定府的情形與此類似，由此可見，大體上都是
在洪武初開始重建或修葺。

3.5.1　府衙——大名府衙與河間府衙

　　明中葉陸容《菽園雜記》和明正德《大名府志》卷五《署舍》兩則文本
裏面對於正廳開間的描述，顯示出府衙開間的差異，例如在下文中會看到，
府衙的開間並不一定是五間。其中，衙署的基址佔地面積大小，決定了其可
以承載的功能多少，府州縣是有等級的。關於明代府衙基址規模，有下面兩
段材料，而州衙、縣衙一級的基址規模尚未發現明確的史料。

　　（1）陸容《菽園雜記》卷十三載「府治深七十五丈，闊五十丈」之句：
公廨正廳三間，耳房各二間，通計七間。府州縣外牆高一丈五尺，用青灰泥。

〔註44〕《大名府志》明正德元年（1506）卷五·署舍，第 27 頁。
〔註45〕《大名府志》明正德元年（1506）卷五·署舍，第 26～41 頁。

府治深七十五丈，闊五十丈。州治次之，縣治又次之。公廨後起蓋房屋，與
守令正官居住，左右兩旁，佐貳官首領官居之。公廨東另起蓋分司一所，監
察御史、按察分司巡官居之。公廨西起蓋館驛一所，使客居之。此洪武元年
十二月欽定制度，大約如此。見《溫州府志》。〔註46〕

　　（2）查繼佐《罪惟錄》亦有「府治深七十五丈，闊五十丈」之記載：欽
定公廨制：公廨三間，耳房左右各二，府州縣外牆高一丈五尺，府治深七十
五丈，闊五十丈，州縣遞減之。公廨後房屋，正即官居之，左右佐貳首領官
居之。公廨東另蓋分司一所，監察御史按察司居之。公廨西一所，使客居之。
〔註47〕

　　對於上述兩則關於府衙基址規模「府治深七十五丈，闊五十丈」的史料
文字，有助於理解府、州、縣及其衙署規制。白穎在其清華大學博士論文《明
代王府建築制度研究》中認為，《罪惟錄》「上下文的時間推斷，當為洪武朝
的規定，也應該是當時的『式』的一部分。」〔註48〕

　　洪武《蘇州府志》中的蘇州府治衙署，可作為衙署制度的一個實例（圖
3.12）。圖中蘇州府衙是一矩形大院，總體仍是唐宋以來通用於宮殿、邸宅、
官署、寺廟中的院落式布局。南面正中設外門，榜「蘇州府」，左右各一掖門。
入門後分左、中、右三路，以中路為主。中路以牆隔劃為前後二部。前部為
三間正堂，左右挾屋，再左右復有推官廳和經歷司，與正堂東西並列。三屋
的前方兩側以廂房圍成院落。橫牆前有橫巷，東西端闢門，通向東西路。橫
牆北面正中開通入後部的正門，內即後堂，左右也有挾屋，前方兩側有廂房。
東西路各為前後相重的四或五個小院，與主院間有南北向巷道隔開。另在中
路和東西路之北並列三座小院，分別是知府、同知等的住宅。東、西、北共
十二個小院主要是官員和通判、經歷、照磨等吏員住宅，只有個別為倉庫、
檔案庫、土地祠。

〔註46〕　清文淵閣《四庫全書》，陸容《菽園雜記》卷十三，第 12～13 頁。這段文字
　　　　　又見於〔明〕鄧士龍輯《國朝典故》卷 69，引《蓬軒類記》二。
〔註47〕　查繼佐，罪惟錄，志卷二十八，將作志，杭州：浙江古籍出版社，1986：993
　　　　　～994。
〔註48〕　《罪惟錄》將作志的記錄以年月為序，述洪武朝關於建設的過程及規定。在洪
　　　　　武朝敘述的末尾，附上了上文所引欽定公廨制。後即為建文朝的史料。參見
　　　　　白穎，明代王府建築制度研究〔博士學位論文〕，指導老師王貴祥，北京：清
　　　　　華大學建築學院，2007：236～237。

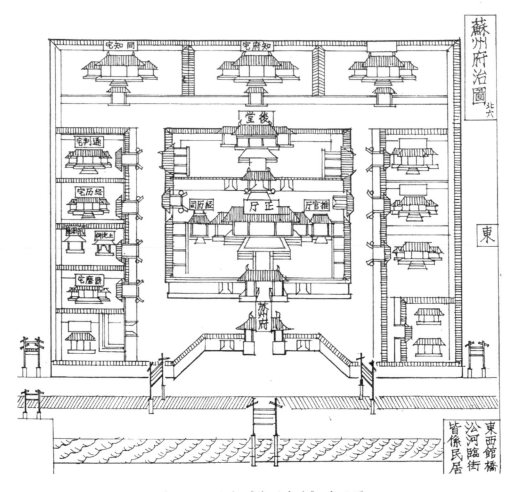

圖 3.12　洪武《蘇州府志》府治圖

（資料來源：《中國古代城市規劃建築群布局及建築設計方法研究》）

　　據明隆慶《臨江府志》所附明洪武二十二年（1389 年）「臨江府衙署圖」
（圖 3.13），臨江府衙的中路主院也是正堂與推官廳、經歷司並列，在主院左、
右、後三面也有眾多小院爲官、吏住所，與蘇州府衙基本相同。另從嘉靖《宿
州志》「宿州州衙圖」（圖 3.14）和「宿州靈壁縣縣衙圖」（圖 3.15）中也可知
其布局與蘇州府、臨江府基本相同，表明明洪武時頒佈的官府圖式是全國遵
行的。只是蘇州府衙外門爲三間斷砌門，而臨江府之外門爲五間城樓。衙前
建城樓爲唐宋臺門、譙樓之遺制，可能是保存下來的宋代遺物。

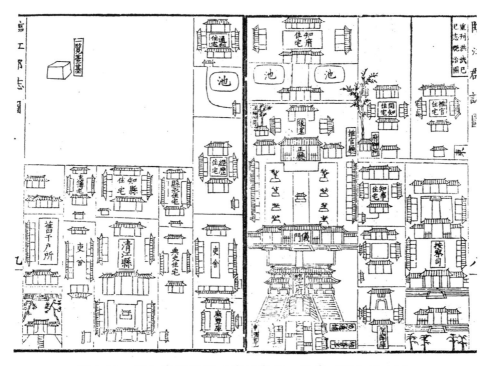

圖 3.13　臨江府衙署圖（資料來源：隆慶《臨江府志》）

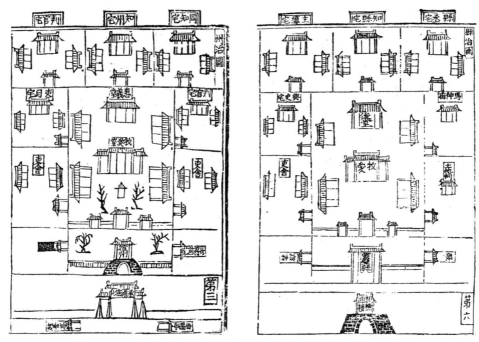

圖 3.14　宿州州衙圖（左）與宿州靈璧縣縣衙圖（右）

（資料來源：嘉靖《宿州志》）

　　此外，河南南陽府衙始建於元至元八年（1271 年），元末毀於戰火。明洪武三年（1370 年），南陽府同知程本初在元故址上重建。張嘉謀《明嘉靖南陽府志校注》載：「正統五年（1440）同知汪重重修。正堂……左右列六房，前豎戒石亭，建儀門、大門；後列官宅，東西列吏舍。經歷司附正堂東，照磨所附正堂西，司獄司附儀門西，架閣庫在堂後，申明、旌善二亭在府前東西，永平庫在府內。」明南陽府衙與明初蘇州府、臨江府衙署相似，都是按洪武二年頒定的制度建造的，南陽府衙「後列官宅，東西列吏舍」與蘇州府衙一樣，衙內也有多所分置的官、吏住所。

　　北直隸正德《大名府志》卷五《署舍》云：大名府署在城東南，先在舊城為元總管府。國初因之，洪武三年（1370），知府柳思賢重建，三十四年（1401）水，明年（1402）徙今治……正廳五間，後堂五間，經歷司、照磨所各三間，吏曹並儀仗等庫共五十二間，永昌庫六間，戒石亭一座，儀門三門，府門三門，理刑廳儀門東南，司獄司儀門西南，廊房東西各二十間，榜房東西各十間，公廨共十所，德教坊府門外，清軍廳德教坊右。〔註49〕

　　據此記載及文獻中其他相關資料，對明代正德年間的大名府衙建築群作如下分析：

　　1. 中路建築：中軸線南端是大門前面的石坊（德教坊），德教坊以北是府衙大門。大門以北是儀門庭院，儀門東西有兩便門。儀門以北是大堂庭院，庭院中有戒石亭，亭內立有刻著「公生明」三字的石碑。大堂庭院的東西廂房是吏曹房，吏曹房除了六房書吏，還有儀仗庫和永昌庫等。大堂庭院正北就是府衙的中心——正廳，東西側分別設有經歷司、照磨所。大堂以北是後堂，後堂以北應該是中軸線的結束部分——知府宅。

　　2. 東路建築：東路的最南端，即在儀門庭院以東，是理刑廳。以北，即書吏房以東，有東廊房二十間，東榜房十間，公廨若干所。

　　3. 西路建築：西路的最南端，即在儀門庭院以西，是司獄司。監獄以北，即書吏房以西，也有西廊房二十間，西榜房十間，公廨若干所。再往北是清軍同知廨，清軍同知廨在知府宅的西向（圖 3.13）。

　　再來考察嘉靖朝河間府府治建築的建築情形：堂五間，左右為幕廳共六間，前為儀門三間，東西為吏房各二十七間，其旁東西又為私舍各六十間。儀門之外，正門三間，東為神廟，西為監獄又三十餘間。崇卑廣狹皆合於

〔註49〕正德《大名府志》卷五《署舍》，第 26～27 頁。

制。……經歷司、照磨所、司獄司、理刑廳、廣成庫、儀仗庫、架閣庫、兵器局、戒石亭。〔註50〕

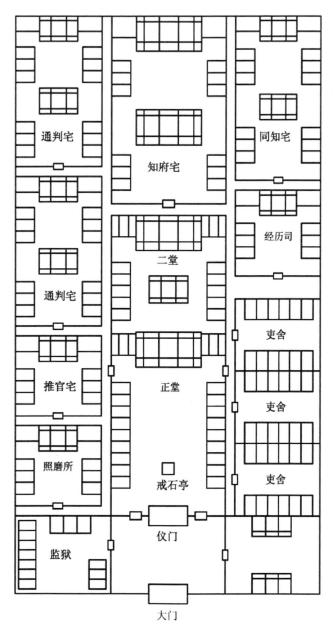

圖 3.15　大名府府衙（資料來源：自繪）

據此記載及文獻中的嘉靖朝河間府府城圖，對建築群分析如下：

1. 中路建築：中軸線南端是大門，大門以北是儀門庭院，儀門東西有兩便門。儀門以北是大堂庭院。大堂庭院的東西廂房是吏房，大堂庭院正北就是府衙的中心──正廳，東西側分別設有經歷廳、照磨所，東側是吏戶禮，西側是兵刑工，。大堂以北是後堂，後堂以北應該是中軸線的結束部分──知府宅。知府宅東端對著東路建築最北端的巡捕廳，西端有一養正書堂。

2. 東路建築：東路的最南端是土地堂，土地堂之北為清軍廳和清軍衙，在儀門庭院以東，是理刑廳和理刑衙。以北，有馬政衙和巡捕廳若干所。

3. 西路建築：西路的最南端，即在儀門庭院以西，是司獄司。監獄以北，是管糧衙（圖 3.16）。

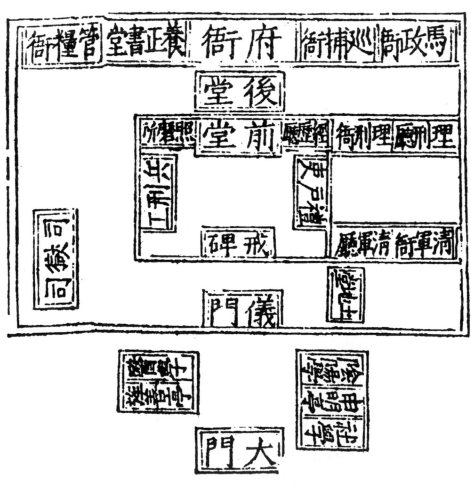

圖 3.16　河間府治（資料來源：嘉靖《河間府志》）

3.5.2　州衙——開州州治與霸州州治

州衙與府衙的建築規制比較相似，在等級上比府衙要略低一些，所以規模也比府衙小。明代的州一級政府主要設有的官員有知州、同知、判官和吏目，而且上述官員一般都只設一員。所以州衙的規模要小於府衙，而且建築群體也比府衙要簡單一些。

州衙建築的基本構架也是東中西三路建築，中路由大堂庭院和知州宅院組成，東路由土地祠、寅賓館、吏舍、吏目宅和同知宅組成以及西路由州獄、吏舍和判官宅組成（圖 3.17）。

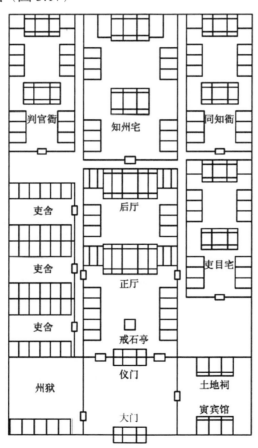

圖 3.17　州衙形制（資料來源：自繪）

下面對正德朝開州州治與嘉靖朝霸州州治作個案分析。正德朝《大名府志》記載開州州治：正廳三間，穿堂三間，後堂三間。廂房東西各一間，幕廳三間。吏曹兵儀仗庫，庫房東西各一間。戒石亭一座，儀門三間，州門三

間。榜房東西各十間。獄在儀門西。公廨五所。〔註51〕

對開州州治分析如下：

1. 中路建築：中軸線最南端是州衙大門三間，大門以北是儀門三間，儀門以北有戒石亭。儀門內東西廂房爲吏曹兵儀仗庫，庫房東西各一間。儀門以北是州衙的核心建築正廳三間，正廳以北是穿堂三間，穿堂以北是後廳三間。後廳以北是知州宅，是中軸線的終端。

2. 東路建築：有榜房十間，其餘不詳。

3. 西路建築：南端是監獄，公廨五所，之後有有榜房十間，其餘不詳（圖3.18）。

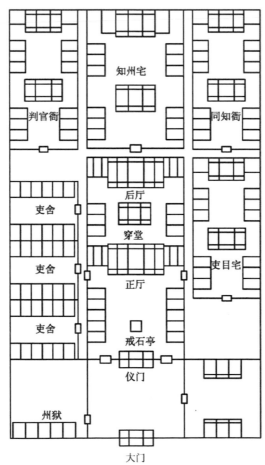

圖 3.18　開州州治（資料來源：自繪）

〔註51〕正德《大名府志》卷五《公宇志》，第 17～18 頁。

　　嘉靖《霸州志》記載：州治在城西南隅，洪武庚戌（1370 年）創建，知州蔣愷、徐以貞、劉珩相繼修葺。中爲敷政堂，嘉靖戊申（1548 年）知州唐交撤而新之。堂之東爲吏目廳，廳之東爲公帑樓，西爲架閣庫，俱唐交建。左爲吏戶禮承發司，右爲兵刑工馬科房，後各有吏廨堂，前有戒石亭，亭之前爲儀門，門之左爲土地祠，右爲儀仗庫，庫之西爲獄，獄之南爲常豐倉，東爲預備倉，倉之南爲大門，門之左爲申明亭，亭之左爲譙樓，樓上扁二，東曰京南首郡，西曰聲教四達，樓乃知州劉璋建，唐交重修之。知州衙在敷政堂後。〔註52〕

　　霸州州治依然分中路建築、東路建築、西路建築，從圖上反映其相鄰的東面是廟學，建築群落平面格局比較複雜，並非方正的矩形，而是因地制宜，（圖 3.19）。

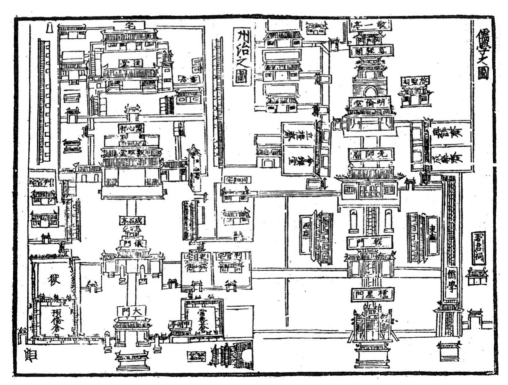

圖 3.19　霸州州治圖

（資料來源：嘉靖《霸州志》）

〔註52〕　嘉靖《霸州志》，《宮室志》，第 3～4 頁。

3.5.3 縣衙——清豐縣署與威縣縣治

　　與府衙、州衙治所相比，縣衙的規模最小，建築群也相對簡單。明代的縣一級政府主要設有的官員有知縣正七品，縣丞正八品，主簿正九品和典史，典史屬於幕官，未入流。上述這些官員視具體情況而定，因此縣衙的具體形式也會有所區別。

　　縣衙治所最重要的是中軸線上的建築，從南至北分佈有大門、儀門、大堂、退堂和知縣宅。加上儀門左右的土地祠和縣獄，大堂前的戒石亭和左右的書吏房，還有西書吏房以西的吏舍，構成了縣衙的基本框架。還有，知縣宅東可能有縣丞宅，西可能有主簿宅，縣丞宅以南可能有典史宅，這些就組成了縣衙的基本規制（圖3.20）。

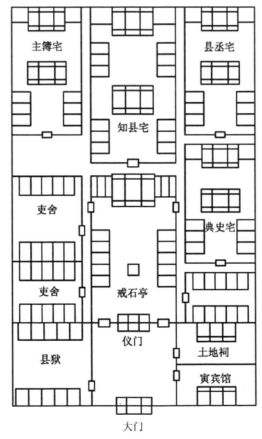

圖 3.20　縣衙形制（資料來源：自繪）

　　下面對正德朝清豐縣署與嘉靖朝威縣縣治作個案分析。正德朝《大名府志》記載清豐縣署：正廳三間，懷直堂三間，東軒三間，吏曹東西各十三間，

儀仗庫三間，戒石亭一座，禮讓門一座，儀門三間，鼓樓一座。獄在儀門西，廊房東西各十五間，榜房東西各二十間。公廨各無所。〔註53〕

　　對正德朝清豐縣署分析如下，清豐縣署規模雖然小，規制卻很齊全：

　　1. 中路建築：中軸線最南端是縣衙大門，建有鼓樓一座。大門以北是儀門三間，儀門以北有禮讓門一座。禮讓門以北是供放御箴碑的戒石亭。大堂前東西曹吏房各十三間。正廳以南是懷直堂和東軒各三間，以北是知縣宅。

　　2. 東路建築：有廊房十五間，榜房二十間，或者還有公廨。

　　3. 西路建築：西路最南端，在儀門庭院以西，是縣獄。縣獄以北是主簿宅。其餘不詳（圖 3.21）。

　　嘉靖《威縣志》未記載縣治衙署，卻在卷首圖經中收錄了縣治圖（圖3.22）。

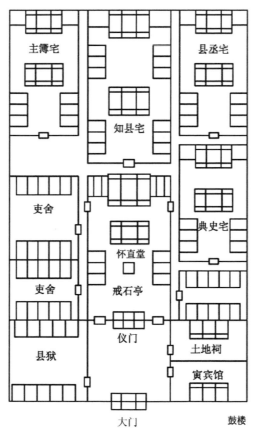

圖 3.21　正德朝清豐縣署圖（資料來源：自繪）

〔註53〕 正德《大名府志》卷五《公宇志》，第 29～30 頁。

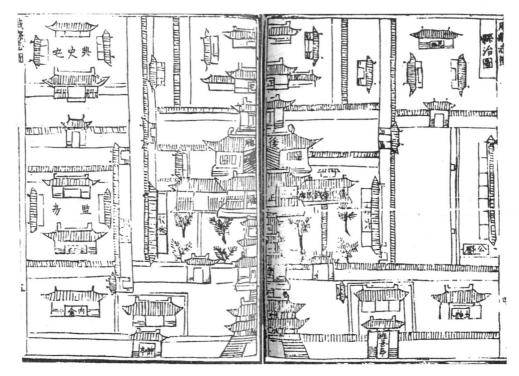

圖 3.22　威縣縣治圖

（資料來源：嘉靖《威縣志》圖經卷）

3.6　小結

（一）在城市平面形態上，有兩個因素影響了明代北直隸城市空間格局：一是，與宋元相比，明代府州縣中衙署的數量增加了；二是，唐宋元時期地方城市中的衙署圍繞子城，或者治所而選址，而子城在明代城市中逐漸消失。

子城的消失，使得隨著明代行政體系確立而滋生的眾多衙署在城市內部的選址上有了更多的選擇，不再受子城的限制，也就是可以不局限和集中在某一區域，從而使得城市內部的功能布局產生變化，呈現出衙署選址的靈活性：治所衙署即府治、州治、縣治建築群一般位於中軸線偏北；衙署及其相關建築和院落譬如廟學、察院、倉庫等聚集在行政中心，或換言之形成了行政中心；鼓樓和鐘樓通常位於城市的中心，主要在十字路口；官方的城隍廟分佈在城牆內，主要是位於比較優越的地點，而那些非官方的廟宇，則被安置在城市的任意方位，或者在城牆之外。

　　（二）在建築規制上，府治衙署基址規模爲「深七十五丈，闊五十丈」，州縣衙署略小。明代北直隸治所衙署根據所在地區地理條件和經濟條件的不同，有的較爲宏敞，有的則較爲簡陋。大多數治所衙署有三個共同特點：一是封閉性，四面以高牆與外界相隔；二是形制四方規整，中間有一條顯著的中軸線。三是建築平面規制分中路、東路、西路，即以主要廳堂與院落爲主的中軸線部分，以次要輔助性功能房屋與院落爲主的左右兩個輔軸線部分，分別是：

　　1. 由禮儀性的大堂庭院和知府宅院組成的中路建築群；

　　2. 由土地祠、寅賓館、吏舍、推官宅和同知宅及其院落組成的東路建築群；

　　3. 由府獄、經歷宅、照磨宅和通判宅組成的西路建築群。

　　總體上，北直隸府州縣城內按等級設置的府衙、州衙和縣衙治所建築，在建築群落布置上的基本規制十分接近，其平面格局是前衙後宅式的。反映了中國傳統文化的等級禮儀和官階尊卑。

　　在中路建築群與院落上，依次排列著府州縣門、儀門、大堂、二堂、三堂等建築，大致可分爲三段：儀門之前主要是禮儀性的建築；儀門至二堂或三堂爲府州縣衙的核心區域，爲知府知州知縣辦案、辦公之所；二堂或三堂之後，爲知府知州知縣內宅，其差別所在，應該體現在隨著官階等級的差別而決定的庭院面寬與進深。

　　中路建築兩側，則分佈東路、西路建築群，是次要輔助性功能房屋與院落爲主的左右兩個輔軸線，即佐貳官縣丞、主簿和首領官典史等的衙門和宅邸，以及吏廨、監獄、倉庫等建築。

　　中路建築的規模取決於庭院的面寬和進深，而這四組庭院中最具有變化性的是位於前部的儀門院和位於中心的大堂院，這兩個院落的進深變化也決定了整個中路建築的進深，亦即整座衙署建築群的進深。在東路和西路建築中，雖然佐貳官的宅院變數比較多，但是都是在由中軸線所框定的總體進深和與中軸線庭院面寬相協調的面寬範圍裏加以調整而得出的。至於其中所設置的同知宅、判官宅、經歷宅和典史宅等宅院，在數量與分佈上的差異與變化，似並不能構成對衙署建築群整體規模的直接影響。

第4章　明代北直隸府州縣廟學

4.1　概述

廟學是指在學校內設置孔廟，並在廟內舉行學禮，依附於孔廟內的學校。廟學以傳授儒家文化爲宗旨，唐以後它已成爲儒學的代名詞。〔註1〕廟學是地方的文化建築，不僅關係到一個地方的文教和科舉名聲，而且在王朝教化與禮儀體系中也具有重要地位。

唐以前孔廟和學校分離。從唐朝開始，中國的儒學祭祀孔子，凡有孔廟的地方，基本都有學校，承擔教化的作用。《說文解字》釋「教」爲：「上所施，下所效也」；「化」釋爲：「教行也。」教化可以作兩個層面的解讀：第一，授民以智，普及文化；第二，敦民化俗，實現文治，使民眾認同統治者的倫理綱常。

明朝建立之初，就十分重視地方學校的建設。明太祖朱元璋對長期戰亂後出現的「學校廢馳」狀況十分憂慮〔註2〕，洪武二年（1369年），明太祖詔

〔註1〕 「廟學」較早出現於唐代韓愈所作《處州孔子廟碑》——詩曰：「惟此廟學，鄰侯所作。」

〔註2〕 《明太祖實錄》卷四六記載，洪武二年十月辛卯，命郡縣立學校。詔曰：「古昔帝王，育人材，正風俗，莫先於學校。自胡元入主中國，夷狄腥膻，污染華夏，學校廢馳，人紀蕩然。加以兵亂以來，人習鬥爭，鮮知禮義。今朕一統天下，復我中國先王之治，宜大振華風，以興治教。今雖內設國子監，恐不足以盡延天下之俊秀。其令天下郡縣並建學校，以作養士類。其府學設教授一員，秩從九品，訓導四品，生員四十人。州學設學正一員，訓導三員，生員三十人。縣學設教諭一員，訓導二員，生員二十人。師生月廩食米，人六斗，有司給以魚肉。學官月俸有差。學者專治一經，以禮樂射御書數設科分教，務求實才。頑不率教者，黜之。」

令府州縣皆立學校：「學校之教，至元其弊極矣。使先王衣冠禮義之教混爲夷狄，上下之間，波頹風靡，故學校之設，名存實亡。況兵變以來，人習於戰鬥，惟知干戈，莫識俎豆。朕恒謂治國之要，教化爲先。教化之道，學校爲本。今京師雖有太學，而天下學校未興，宜令郡縣皆立學，禮延師儒，教授生徒，以講論聖道，使人日漸月化，以復先王之舊，以革污染之習。此最急務，當速行之。」〔註3〕

　　明代學校有官學和私學。官學包括廟學、醫學、陰陽學、武學、衛學，以及專爲宗室子弟而設的宗學等。從狹義上講，其中專門從事儒學的機構包括國子監、廟學和書院，其中的廟學依照等級高低，又可分作太學國子監、宗學、府學、州學、縣學和社學等。從廣義上講，國子監和書院都祭祀孔子，皆爲廟學。明代書院的設置情況則比較複雜，大體分作兩類：一種重授課、考試的考課式書院，同於官學，其目的是爲了彌補儒學在教育上的不足，特點是入學者只限於府、州、縣的生員；另一種是教學與研究相結合，各學派在此互相講會、問難、論辯的講會式書院，後者多爲當局所不容乃至禁燬。〔註4〕而醫學、陰陽學、武學和衛學等一般視作非儒學。私學包括家傳與師授兩種，所以就有多種書塾，是一種平民化的普及教育，如教師自辦招收子弟的村塾、里塾，官宦富家爲培養子弟而設的家塾，以及專爲一個地方或同族同宗子弟而設的義塾。（圖4.1）

　　明代的地方官學分爲五種，即府學、州學、縣學、都司衛所學和社學。本文將在現有成果的基礎上，討論北直隸之府州縣廟學的建築空間布置、形制、功能變化軌跡，以及形態意義等，譬如嘉靖九年之後，廟學爲何普遍設立敬一亭等，而略於社學。先簡要回顧一下宋元廟學形制的幾個實例。

〔註3〕 《明太祖實錄》卷四六（洪武二年十月）辛巳，上諭中書省臣曰條。
〔註4〕 明初時，宋元留存的書院，多被改建爲地方學校和社學。成化、弘治以後書院逐漸興復。嘉靖十六年（1537）明世宗以書院倡邪學下令毀天下私創書院。十七年以書院耗費財物、影響官學教育再次禁燬書院。到嘉靖末年，內閣首輔徐階提倡書院講學，書院得以恢復。《明史》神宗紀：萬曆七年正月戊辰，詔毀天下書院。《明史》熹宗紀：天啟五年八月壬午，毀天下東林講學書院。崇禎帝即位後書院陸續恢復，有陳獻章、王守仁等學派。

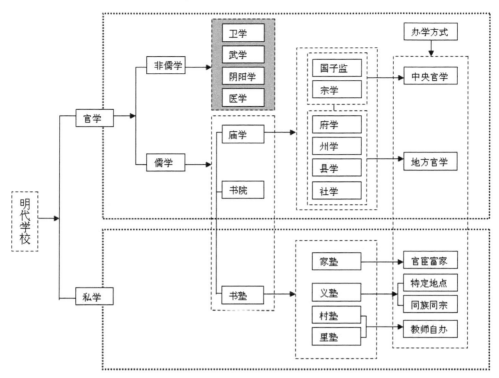

圖 4.1　明代學校示意圖
（資料來源：本研究整理）

4.2　宋元廟學形制實例

　　南宋建康府學在《景定建康志》中的描繪是前廟後學。建康府學即今南京夫子廟的前身，始建於北宋天聖七年（1029），後毀於兵火，至紹興五年（1135）重建，爲屋一百二十五間。建築群空間序列最南爲半壁池，池北爲櫺星門，門內共四進院落，中軸線上從南向北依次建有：半壁池（泮池）、櫺星門、儀門、大成殿，以及由東廡說理齋、進德齋、守中齋，西廡興賢齋、育才齋、由義齋組成的生員齋舍，這是孔廟部分；之後的儒學部分有明德堂、議道堂、御書閣，西北角有學倉；教授廳在西圍牆外，其後爲射圃，其中有一座射弓亭（圖 4.2）。

　　《南宋平江府圖》描繪的蘇州文廟即府學，初爲州學，是左廟右學。北宋景祐二年（1035），范仲淹創建於五代吳越錢氏南園舊址，與名園滄浪亭相望。范仲淹改革舊制，首創官學與祭孔廟堂合一的左廟右學空間形態：大成殿居中，兩旁爲東西廡，其南爲大成門、櫺星門、洗馬池，東北角有教授廳，

這是孔廟部分；采芹亭、泮池〔註5〕、儀門、成德堂及兩廡、齋舍構成了學宮部分（圖4.3）。

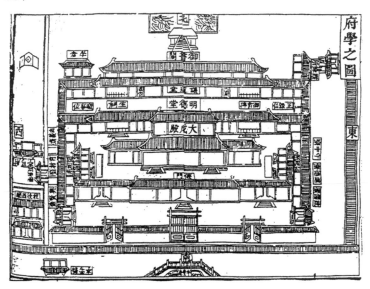

圖 4.2　南宋建康府學圖（資料來源：《南京文物志》）

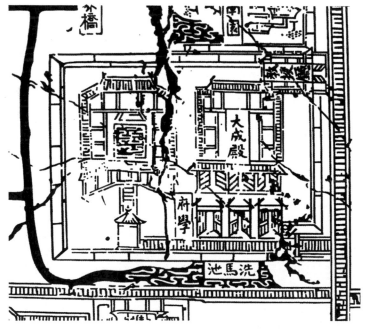

圖 4.3　南宋平江府圖中之蘇州文廟圖（資料來源：蘇州博物館）

〔註 5〕 中國上古諸侯之學稱為頖宮，因頖、泮同音，後人以訛傳訛相襲成習。

元代集慶路學廟學正門亦爲欞星門〔註6〕，相當於宮殿的路門。穿過欞星門，便是泮池，泮池一般設在欞星門之內，邁過泮池，穿越戟門（儀門），進入廟學的主體建築部分——孔廟和儒學（圖4.4）。

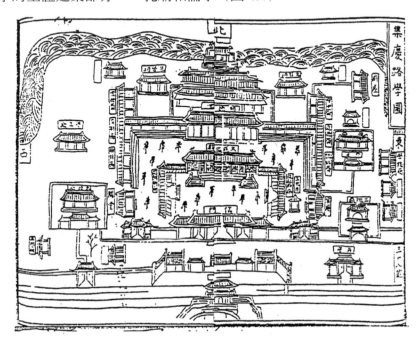

圖 4.4　元代集慶路學圖

（資料來源：《宋元方志選刊》）

元代曾經在中書省轄地建了一些儒學〔註7〕，基本都建在漢人之地，如元乃馬眞後二年（1243，宋淳祐三年），眞定路工匠總管趙振玉建眞定路學；元海米失後元年（1248，宋淳祐九年），參佐張德輝、工匠總管趙振玉建眞定路學；大府都祭酒張德輝建元氏縣學等。

金代元好問撰寫有《令旨重修眞定廟學記》：

王以丁未（1247 年〔註8〕）之五月，召眞定總府參佐張德輝北上，德輝既進見於王，從容問及鎮府廟學今廢興何如？德輝爲言，廟學廢於兵久矣，徵收官奉行故事，嘗議完復，僅立一門而已，今

〔註6〕 其在廟學中的位置似天象中的靈王星，故名。

〔註7〕 關於這個領域的研究，可參見胡務，元代廟學：無法割捨的儒學教育鏈，成都：巴蜀書社，2005 年，尤其是第 240～248 頁的「附表3 元代各行省路府州縣廟學建置情況一覽表」。

〔註8〕 1247 年爲宋淳祐七年。

正位雖存，日以傾圮，本路工匠總管趙振玉方營茸之，惟不取於官、不斂於民，故難爲功耳。於是令旨以振玉、德輝合力辦集，所不足者具以狀聞。德輝奉命而南，連率史天澤而下曉然，知上意所向，罔不奔走從事，以貲以力迭爲伙助，實以己酉春二月，庀徒藏事，黽勉朝夕罅漏者補之，邪傾者壯之，腐敗者新之，漫漶者飾之，裁正方隅，崇峻堂陛，廟則爲禮殿，爲賢廡，爲經籍祭器之庫，爲齋居之所，爲牲薦之廚，而先聖先師七十子二十四大儒像設在焉。學則爲師資講授之堂，爲諸生結課之室，爲藏廄庖湢者次焉，高明堅整營建合制，起敬起慕，於是乎在乃八月落成。〔註9〕

元代天曆三年（1330）建蠡州州學：

洪武二年，詔天下立學因之，永樂四年（1406）重修，正統九年（1444）知縣費恭重修庠門，在欞星門之左，次二門，門內西轉北折爲明倫堂，堂內有太祖高皇帝御製臥碑，景泰七年（1456）立石，其東爲存心齋，西爲養性齋，堂之東爲敬一亭，亭內有今上皇帝御製敬一箴及注釋視聽言動心五箴碑六通，亭之前爲號舍，分序東西各十楹，俱張兒創建，東爲學倉，北爲教諭宅二，訓導宅並之，學之外右爲育才坊，坊西十餘步爲射圃，圃地六畝，有觀德廳，左爲興賢坊，俱蕭鵬建。〔註10〕

4.3　明代北直隸地方廟學

4.3.1　創建年代

明代府州縣設立的儒學是官方教育的主體，《明史・選舉志一》云：「迄期，天下府、州、縣、衛所，皆建儒學，教官四千二百餘員，弟子無算，教養之法備矣。」〔註11〕這一時期北直隸設立了多少府州縣學呢？根據《明一

〔註 9〕　清文淵閣《四庫全書》版，元好問，遺山集（卷三十二），《令旨重修眞定廟學記》，第1～2頁。元好問其人詳見《遺山集》目錄，第6頁：「好問，字裕之，秀容人中興定五年進士，天興中除左司都事轉行尚書省左司員外郎，金亡不仕。」

〔註10〕　嘉靖《蠡縣志》卷二《儒學》，載《天一閣藏明代方志選刊續編》（一），上海：上海書店，1990：381～383。另一說至元三年（1266）建，參見黃彭年等撰《畿輔通志》卷一百十四。

〔註11〕　清文淵閣《四庫全書》版，《明史》卷六十九，選舉志一，第15頁。

統志》、《畿輔通志》等明清官方文獻與地方志中記載的明代學校設置情形所
做出的統計表明，北直隸八府、兩直隸州、17 屬州、116 縣，全部設置了廟學，
這些廟學或創建，或重建，或因舊。特殊的是永樂元年（1403 年）取消了大
興縣學和宛平縣學，以大興縣學為順天府學，據《日下舊聞考》記載：「永樂
元年五月，禮部言：舊制應天府設學不設上元、江寧二縣學。今既設北京國
子監，以順天府學為之，革大興、宛平二縣學，而以大興縣學為順天府學。」
〔註 12〕這段文獻材料透露的是宛平縣學在洪武年間已經存在，而在其他文獻
中關於宛平縣學的創建或重修情形不明（表 4.1；附錄 B）。

　　從明代北直隸地方廟學創建年代表（表 4.1）中可以看到，洪武元年（1368）
～弘治四年（1491）的 124 年間（包括洪武元年），北直隸的廟學全部落成，
其中創建年代最早的是洪武元年（1368）的三所廟學，分別是大名府長垣縣
學〔註 13〕、順天府大興縣學〔註 14〕、河間府滄州學〔註 15〕，最晚的是弘治四
年（1491）的大名府東明縣學。東明縣學設置得最晚的原因是由於行政區劃
引起的：「洪武十年東明縣省入開州及長垣縣，弘治三年（1490）復析置」〔註
16〕，即東明縣直到弘治三年才又恢復縣制，而其在洪武十年併入開州及長垣
縣之前是否有廟學未見文獻記載。

〔註 12〕〔清〕于敏中等編纂，日下舊聞考，卷 65，官署，北京：北京古籍出版社，1983：
　　　　1081～1082，《重修順天府 學記》：「學在今府治東南教忠坊，初元太和觀也。
　　　　洪武元年，以觀為大興縣學。永樂元年，升北平府為順天府，則大興儒學例
　　　　不得設矣，遂以為府學。九年，同知甄儀建明倫堂東西齋食，十二年府尹張
　　　　貫建大成殿，又建學舍於明倫堂後，歲久頹毀，寧陽王賢來為府尹，顧其舊
　　　　址多為軍民所侵，乃謀於府丞番陽王弼、治中長沙易斌、通判寧海楊轅、推
　　　　官安陸彭理，相請復其地。既得請，遂撤故新之，為大成殿，翼以兩廡，前
　　　　為朝門，以祠先師先賢。因舊為廟以祠宋丞相信國文公，為六齋於明倫堂東
　　　　西，附以棲生之舍，會饌有堂，有廚有庫而蔽之重門焉。」資料出處，日下
　　　　舊聞考，卷 65，官署，北京：北京古籍出版社，1983：1082。
〔註 13〕《明一統志》卷四，第 37 頁：長垣縣學在縣治西，洪武元年建。
〔註 14〕《畿輔通志》卷二十八第 3 頁：明洪武初以元太和觀地為大興縣學，國子監為
　　　　府學。
〔註 15〕嘉靖《河間府志》卷五《宮室志・學校》第 25 頁：滄州儒學在治西南，洪武
　　　　元年判官紀惟創建，宣德六年知州上官儀重修。《明一統志》卷二第 40 頁：
　　　　滄州學在州治東南，洪武初建，正統八年重修。
〔註 16〕正德《大名府志》卷五《學校》第 25 頁：東明縣儒學在縣治東南，洪武間省
　　　　縣並學廢之。弘治四年復縣，是歲五月創建廟學，知縣宮顯、鄧鉞相繼成之。
　　　　《明一統志》卷四第 37 頁：東明縣學在縣治東，成化中建。

表 4.1　明代北直隸地方廟學創建年代

創建年代	數量	廟學
洪武元年	4	長垣縣學，大興縣學，宛平縣學，滄州學
洪武二年	5	祁州學，博野縣學，盧龍縣學，遷安縣學，柏鄉縣學
洪武三年	17	完縣學，邢臺縣學，固安縣學，霸州學，安肅縣學，束鹿縣學，阜平縣學，平山縣學，內丘縣學，廣平縣學，南樂縣學，魏縣學，浚縣學，大名縣學，成安縣學，寧津縣學，任縣學
洪武四年	3	灤州學，慶雲縣學，東光縣學
洪武五年	3	東安縣學，良鄉縣學，故城縣學
洪武六年	2	平鄉縣學，藁城縣學
洪武七年	7	雄縣學，安州學，行唐縣學，清豐縣學，撫寧縣學，眞定縣學，深州學
洪武八年	3	順義縣學，淶水縣學，饒陽縣學，
洪武九年	1	南和縣學
洪武十年	1	邯鄲縣學
洪武十三年	2	高陽縣學，滑縣學
洪武十四年	2	香河縣學，容城縣學
洪武十五年	2	保定縣學，懷柔縣學
洪武三十年	1	任丘縣學
洪武三十五年	1	元城縣學
洪武年間	5	靜海縣學，景州學，樂亭縣學，永平府學，興濟縣學
永樂四年	1	阜城縣學
洪熙元年	1	延慶州學
正統元年	1	永寧縣學
景泰二年	1	保安州學
弘治四年	1	東明縣學

資料來源：《明一統志》、《畿輔通志》、嘉靖《眞定府志》、嘉靖《河間府志》、嘉靖《河間府志》、弘治《永平府志》萬曆《永平府志》、《圖書集成職方典》、《日下舊聞考》。表中的「洪武年間」是文獻材料中的具體年代記載不詳者。

類似的還有宣德朝的河間府交河縣學，據嘉靖《河間府志》記載：

交河縣儒學在縣治東，洪武九年併入獻縣，十四年復置，知縣

周以仁創建。宣德四年知縣林俊、訓導盧志謙重修。

翰林院侍講學士曾鶴齡撰，《交河縣修學記》：交河舊屬獻州，自獻州改為縣遂拜河間府，今為甸服內郡諸邑皆有學，學皆有制，獨交河蕭然如未嘗修葺者。宣德二年（1427）夏新城盧志謙自鄉貢發身授是學訓導，既至謁夫子廟，相其敗壁腐棟規模陋甚弗稱觀瞻，而兩廡尤狹陋，從祀諸賢位俱弗備，講堂齋上漏旁穿，諸生無所容，徘徊興慨久之而自計。〔註17〕

如果不計入宛平縣學，那麼明代北直隸創建的廟學一共 63 所，數量最多的是洪武朝（58 所），永樂、洪熙、正統、景泰、弘治朝平分秋色，各為一所；洪武朝中創建廟學數量最多的是洪武三年（17 所），其次是洪武二年，這與洪武二年的明太祖詔令有關。

明代地方廟學的大規模重建或展拓肇始於洪武二年，其中明初北直隸府州縣的廟學沿用或重修宋元時期學校的舊址，例如順天府學，以及涿州學「在州治西南，遼統和中建，明洪武五年又拓而新之」〔註 18〕，保定縣學「在縣治東，明洪武十五年知縣張仲謙建」〔註 19〕，鉅鹿縣儒學「在縣治東南，元貞間建，大德初重修，天順間知縣張紀仍修」〔註 20〕；其中一些是拓地新建的，例如順義縣學，「在縣治西，明洪武八年建」〔註21〕，霸州州學「在州治東，元元貞間知州劉甫建……明洪武三年知州馬從龍撤而大之」〔註 22〕，薊州學「在州治西北，明洪武初建」。〔註 23〕下表是除了上述創建的廟學之外北直隸廟學第一次重修的情形（表 4.2）。

明代北直隸廟學的修建總體情形參見本研究整理的附錄 B。

〔註17〕 嘉靖《河間府志》卷五《宮室志‧學校》第 11 頁。另外，《明一統志》卷二第 40 頁：交河縣學在縣治東，洪武中建，宣德四年重修。《畿輔通志》卷二十八，第 37 頁：交河縣學在縣治東，明洪武九年併入獻縣，十四年復置，知縣周以仁創建，宣德間知縣林俊、訓導盧志謙，天順間知縣張卯……重修。

〔註18〕 清文淵閣《四庫全書》版，《畿輔通志》卷二十八，學校，第 16 頁。

〔註19〕 清文淵閣《四庫全書》版，《畿輔通志》卷二十八，學校，第 20 頁。

〔註20〕 成化《順德府志》卷七《鉅鹿縣》學校。此處引自，邢臺市地方志辦公室編，《順德府志》（明代兩朝三部珍本），重印本，非公開發行，2007：99 頁。

〔註21〕 清文淵閣《四庫全書》版，《畿輔通志》卷二十八，學校，第 17 頁。

〔註22〕 清文淵閣《四庫全書》版，《畿輔通志》卷二十八，學校，第 18 頁。

〔註23〕 清文淵閣《四庫全書》版，《畿輔通志》卷二十八，學校，第 20 頁。

表 4.2　北直隸廟學第一次重修的情形

重修年代	數量	廟學
洪武二年	3	蠡縣學，唐山縣學，內黃縣學
洪武三年	2	寶坻縣學，寧晉縣學
洪武四年	3	潔縣學，眞定府學，廣平府學
洪武五年	2	涿州學，大城縣學
洪武六年	1	永清縣學
洪武七年	1	薊州學
洪武八年	9	保定府學，清苑縣學，易州學，淶水縣學，定興縣學，南宮縣學，清河縣學，威縣學，無極縣學
洪武九年	2	慶都縣學，棗強縣學
洪武十一年	2	密雲縣學，新城縣學
洪武十三年	5	平谷縣學，定州學，趙州學，靈壽縣學，滑縣學
洪武十四年	1	曲陽縣學
洪武十五年	2	房山縣學，昌黎縣學
洪武二十三年	1	肥鄉縣學
洪武二十五年	1	開州學
洪武二十七年	1	曲周縣學
洪武二十八年	2	欒城縣學，深澤縣學
洪武年間	3	武強縣學，高邑縣學，元氏縣學
永樂元年	1	廣宗縣學
永樂二年	2	河間府學，南皮縣學
永樂三年	2	滿城縣學，武邑縣學
永樂四年	1	新河縣學
永樂六年	1	新安縣學
永樂十三年	2	豐潤縣學，雞澤縣學
永樂十四年	3	通州學，吳橋縣學，新樂縣學
永樂年間	4	衡水縣學，沙河縣學，安平縣學，唐縣學
宣德元年	1	三河縣學
宣德四年	1	交河縣學
宣德景泰間	1	遵化州學
正統三年	1	藁城縣學
正統四年	1	獲鹿縣學
正統五年	1	晉州學

正統八年	1	文安縣學
正統九年	1	臨城縣學
景泰元年	1	河間縣學
景泰五年	1	井陘縣學
天順三年	1	順德府學
弘治三年	1	贊皇縣學

資料來源：同表 4.1

　　從表 4.2 看到，洪武年間著手第一次重建或重修的廟學數量最多，共有 41 所；位於第二的是永樂年間，共有 20 所，第三是正統朝的 6 所，宣德朝和景泰朝一共 4 所，天順朝和弘治朝各一所居末。從年份來考察，則以洪武八年的 9 所居首位。事實上，關於明代北直隸學校創建和重修年代的有些文獻材料是互相牴牾的（表 4.3）。例如河間縣學的情形很難歸類於創建抑或重建：

　　　　河間縣儒學在縣北，正統十四年知府孫睿奏請歸併府學，景泰
　　元年吏科給事中邑人程信奏復原學，仍設學、生徒，時殿堂齋舍多
　　已朽壞，知府王儉、知縣李貴創造之。成華六年知府賈忠、同知趙
　　祺、通判諸廷儀、知縣史彬合謀闢地重建，廟學煥然一新。〔註24〕

　　換言之，河間縣在正統十四年之前是單獨設置廟學的，後來併入府學，景泰元年又獨立出來，重新闢地創建，《明一統志》中的文獻也與此吻合。〔註25〕

表 4.3　明清文獻中明代北直隸廟學修學年代牴牾之情形

廟學	建修年代	原文描述	資料出處
河間府故城縣學	洪武五年	故城縣儒學在縣東北，洪武五年知縣薛庸、訓導王哲創立，永樂二年訓導蘇潤增飾	嘉靖《河間府志》卷五《宮室志‧學校》，第 24 頁
	洪武二年	故城縣學舊在縣治東北，明洪武二年知縣薛庸訓導王哲創建，永樂二年知縣王善、訓導蘇潤修補	《畿輔通志》卷二十八，學校，第 39 頁
眞定府南宮縣學	洪武元年	南宮縣學在縣東南，明洪武元年知縣楊繩建	《明一統志》卷三，第 15 頁
	洪武八年	南宮縣學在縣治東南，洪武八年建，景泰五年重修	《畿輔通志》卷二十八，第 64 頁

〔註24〕嘉靖《河間府志》卷五《學校》第 5 頁。
〔註25〕《明一統志》卷二，第 40 頁：河間縣學初在縣治東北，正統十四年嘗併入府
　　　　學，尋復舊。

眞定府 井陘縣學	景泰三年	井陘縣學在縣治西南,金明昌間建,本朝景泰三年重修	《明一統志》卷三,第 14 頁
	景泰五年	井陘縣學在縣治西北,金明昌二年建,元至正丙申縣尹崔克新增修,明景泰五年知縣陳璘重修	《畿輔通志》卷二十八,學校,第 44 頁
大名府 東明縣學	弘治四年	東明縣儒學在縣治東南,洪武間省縣並學廢之。弘治四年復縣,是歲五月創建廟學,知縣宮顯、鄧鉞相繼成之	正德《大名府志》卷五《學校》第 25 頁
	成化年間	東明縣學在縣治東,成化中建	《明一統志》卷四,第 37 頁
眞定府 無極縣學	洪武四年	無極縣學在縣治東,元縣尹元顏宣建,明洪武四年知縣邱子貞、天順七年知縣石倫……相繼修	《畿輔通志》卷 28 第 46 頁
	洪武八年	無極縣學……皇明洪武八年知縣□□因舊重建	《眞定府志》卷十五第 30 頁
	洪武二十八年	無極縣學在縣治東,洪武二十八年因舊重建	《明一統志》卷三第 14 頁

　　探討廟學修建年代時需要注意的是,就一所特定具體的廟學而言,儒學和文廟有時候不是並置的,因爲它們最初有可能不是同時修建的。例如永平府昌黎縣學的文廟和儒學分別重建於洪武三年(1370)和永樂十五年(1417),據萬曆《永平府志》記:「昌黎縣儒學,在縣治西,洪武初因勝國舊址。永樂十五年知縣楊禧重建……文廟,在儒學東,洪武三年重建。」〔註26〕

　　從現在僅存的明清北直隸方志來觀察,明代中後期的《明一統志》與清代《畿輔通志》等把文廟和儒學視爲一體,大體是因爲已經廟學的儒學和文廟主體建築已經完備,關於歷代修葺的記載則甚多。在本文下面的行文中,爲了敘述論證的方便起見,則亦將儒學和文廟視爲並置的一體,統稱北直隸廟學,如果遇到儒學和文廟分置的文獻引證材料,會作具體的說明。

4.3.2　選址方位

　　北直隸一些地方廟學創建於宋元時期,因此它們在城市中所處的方位,早在明代之前就確定了。如果將研究視角落在方位選址上,那麼,那些創建於明代的廟學,似乎更值得觀察,因爲它們直接反映了明代選址與規劃的諸多習慣和觀念細節。〔註 27〕在方志中,往往是根據廟學與衙署治所的相對關

〔註26〕　萬曆《永平府志》卷二《公署》,引自董耀會主編,秦皇島歷代志書校注:永平府志(明·萬曆二十七年),北京:中國審計出版社,2001:28。

〔註27〕　李孝聰在《唐、宋運河城市城址選擇和形態的研究》(《環境變遷研究》第四輯,

係來描述其位置的，坐落在府州縣治的東、南、西、北的情形都有，使得分析北直隸廟學在城市中的方位難以概括，因爲至少需要先考察衙署的選址。在另一個側面，方志中廟學與衙署之間這種位置關係的描述，可以解讀的意義則是：在編纂方志的文人學者和下令刊行方志的官員的觀念裏面，衙署代表了一座明代城市的中心。

下面，先以明洪武年間北直隸順天府府州縣廟學爲例，分析它們在城市中的方位分佈（表 4.4）。其中順天府學的情形比較複雜，「明洪武初以元大和觀地爲大興縣學，國子監爲府學。永樂元年改北平布政使司爲順天府，仍以府學爲國子監，大興縣學爲府學，即今所也。」〔註 28〕《春明夢餘錄》卷五十五記：

> 順天府儒學，在城東北國學之南，洪武中以元國學爲北平府學，永樂定鼎仍爲國學，改報恩寺爲順天府學，初有僧遊湘潭募造報恩寺，尚未安像，明師下燕戒士卒毋得入孔聖廟，僧倉皇借宣聖木主置殿中後不敢去，遂以爲學，其地元之柴市也，文文山授命焉，東有祠，西有館，曰教忠，再西有坊曰育賢。〔註 29〕

表 4.4　洪武朝北直隸順天府府州縣儒學設置情形

儒學	方位	創建	重建
順天府學	府東南	洪武初建，爲大興縣學。永樂初以爲府學。	正統十一年重修
大興縣學	府東南	明洪武初以元大和觀地爲大興縣學。永樂元年，仍以府學爲國子監，大興縣學爲府學即今所也。	
宛平縣學	不詳		
良鄉縣學	縣治東南	洪武五年建，正統十二年重修	
固安縣學	縣治東	洪武三年建，八年增修	
永清縣學	縣治西南		金壽昌初建，本朝永樂六年修
東安縣學	縣治西		洪武五年建，宣德五年重修

北京：北京古籍出版社，1993 年，第 153 頁）中指出，在古代城市地理的研究中，除了應考慮地理因素之外，還應當關注當時的禮法制度對城市外貌形態和內部空間結構塑造的影響。尤其是在中國社會形態處於變革或轉型時期，政治制度、禮法與社會觀念的變化，總是會在城市形態上留下時代的烙印。

〔註 28〕 清文淵閣《四庫全書》版，《畿輔通志》卷二十八，學校，第 2 頁。
〔註 29〕 清文淵閣《四庫全書》版，孫承澤撰，《春明夢餘錄》卷五十五，第 1 頁。

香河縣學	縣治東		洪武十四年建，正統元年重修
通州學	州治西		元大德間建。本朝永樂十四年重修
三河縣學	縣治西		金泰和間建，本朝宣德元年重修
武清縣學	縣治東	舊在白河西，本朝洪武初因避水患，徙建於此	
漷縣學	在縣治西	舊在河西務，元末廢，本朝洪武四年重建於此	
寶坻縣學	縣治東北		元大德間建，本朝洪武三年重修
昌平州學	州治東	原在舊州治西，景泰三年始與州治俱徙	
順義縣學	縣治西	洪武八年建	
密雲縣學	縣治東		元至元間建，本朝洪武十一年重修
密雲衛學			
懷柔縣學	縣治東	洪武十五年建，正統五年重修	
涿州學	州治西南		遼統和間建，本朝洪武五年重建
房山縣學	縣治東南		元時建，本朝洪武十五年重修
霸州學	州治東	洪武三年建，正統五年重修	
文安縣學	縣治西		宋大觀間建，金毀，元皇慶初重建，本朝正統八年重修
大城縣學	縣治西		元建，本朝洪武五年重修
保定縣學	縣治東	洪武十五年建	
薊州學	州治西北	洪武初建，正統九年重修	
玉田縣學	縣治西		遼乾統間建，本朝景泰五年重修
豐潤縣學	縣治東南		金大定間建，本朝永樂十三年重修
平谷縣學	縣治南		元至元間建，本朝洪武十三年重修
遵化縣學	縣治西南	金正隆初建	

（資料來源：《明一統志》卷一；《畿輔通志》卷二十八。表中空白者表示不詳）

表 4.5　廣平府儒學設置情形

儒學	方位	平面規制	創建／重建
廣平府學	在府治東南	左廟右學	金建，元末廢，本朝洪武四年重建，正統十一年重修
永年縣學	在縣治西（舊學在城東北隅，洪武十一年徙建於此）	前廟後學	舊學在城東北隅，洪武十一年徙建於此
曲周縣學	在縣治東	前廟後學	金大定乙巳（1185）建，本朝洪武二十七年重建

肥鄉縣學	在縣治東南	左廟右學	宋天聖四年（1026）建，本朝洪武二十三年重建
雞澤縣學	在縣治東	前廟後學	金大定建，本朝永樂十三年重修
廣平縣學	縣治東南	左廟右學	元以前不可考。洪武三年建，永樂二年重修
邯鄲縣學	在縣治西南（洪武初，在縣治東南）	前廟後學	元以前不可考。洪武十年建，永樂十一年重修
成安縣學	在縣治東南	左廟右學	元建，本朝洪武三年重建，正統十一年重修
威縣學	在縣治東南	左廟右學	金建，本朝洪武八年重建，正統十一年重修
清河縣學	在縣治東南	前廟後學	金建，本朝洪武八年重建，永樂十三年重修

（資料來源：嘉靖《廣平府志》卷五《學校》，另詳見本文附錄）

表 4.6　北直隸廟學遷建情形

學校	遷建年代	情形	資料來源
河間府青縣學	洪武四年	青縣學舊在城內，元末廢，洪武四年（1371）知州李敬移建於城外衛河之濱，永樂三年……重修	嘉靖《河間府志》卷五《宮室志·學校》第 12 頁
河間府鹽山縣學	洪武九年	鹽山縣學在舊城東南，洪武九年（1376）知縣吳文靖徙置今縣治西，正統八年知縣潘恕、訓導祈鳳重修	嘉靖《河間府志》卷五《宮室志·學校》第 27 頁
河間府故城縣學	隆慶元年	故城縣學在縣治東南，明隆慶元年（1567）遷建	清文淵閣《四庫全書》版《大清一統志》（卷十五第 9 頁
廣平府永年縣學	洪武十一年	年縣學在縣治西，舊學在城東北隅，洪武十一年徙建於此	《明一統志》卷四第 18 頁
眞定府隆平縣學	洪武十四年	隆平縣學在縣治東南，舊在縣治東，本朝洪武十四年徙於此	《明一統志》卷三第 15 頁
眞定府栢鄉縣學	洪武間	栢鄉縣學在縣治東，舊在縣治東南，洪武間始遷於此	《明一統志》卷三第 15 頁
眞定府深州學	永樂十年	深州學在州治東，明洪武七年知縣朱英建，後圮於水，永樂十年知州蕭伯辰遷建於此	《畿輔通志》卷二十八，第 69 頁
眞定府衡水縣學	永樂間	衡水縣學在縣治東，永樂間改遷於此	《明一統志》卷三第 15 頁

眞定府棗強縣學	正統間	棗強縣學在縣治東，舊在縣治東北，正統間始遷於此	《明一統志》卷三第15頁
大名府學	洪武三十五年	大名府學在府城東南，原在舊府城內，宋時建爲辟雍，有賜辟雍詔碑，本朝洪武三十五年與府治俱徙焉	《明一統志》卷四第37頁
順天府昌平州學	景泰三年	昌平州學在州治東，原在舊州治西，景泰三年始與州治俱徙	《明一統志》卷一第24～25頁
順天府玉田縣學	嘉靖癸巳（嘉靖十二年）	玉田縣學在縣治西，遼乾統中建，明嘉靖癸巳（1533）改建西關外，庚戌（1550）督學御史阮鶚復移城內，萬曆六年知縣胡兆麒稍遷而東	《畿輔通志》卷二十八第25頁
順天府武清縣學	洪武初	《明一統志》：武清縣學在縣治東，舊在白河西，本朝洪武初因避水患徙建於此。《大清一統志》：在縣治南，舊在白河西明，洪武中遷縣治東，嘉靖十六年又遷今所	《明一統志》卷一第25頁；《大清一統志》卷四第16頁

　　從表 4.4 和表 4.5 可以看到，順天府和廣平府廟學雖然有的在治所衙署的西北或西南，但以位於治所衙署的東南隅居多，這也是北直隸廟學的大致情形。廟學的選址也並非一成不變，也有變遷（表 4.6），例如河間府青縣學和鹽山縣學分別在洪武四年和洪武九年遷建。不妨再分析一下永平府廟學的選址方位（表 4.7）。

表 4.7　永平府廟學在城市中的方位

學校	方位	興修年代
永平府學	府治西北	元至正間因其舊修，本朝永樂十五年重修
灤州學	州治西	洪武四年建
盧龍縣學	府城東南	洪武二年建
遷安縣學	縣治東南	洪武二年建
撫寧縣學	縣治東	洪武七年建
昌黎縣學	縣治西南	元大德間建，本朝永樂中重建
樂亭縣學	縣治西北	金建，本朝洪武初建
山海衛學	衛城西	正統七年建〔註30〕

（資料來源：清文淵閣《四庫全書》版《明一統志》卷五第 6 頁）

〔註30〕　一說正統元年建。參見清文淵閣《四庫全書》版《畿輔通志》卷二十八第 26頁：山海衛學在衛治西，明正統元年建。

　　文廟在城市中的選址並不是一成不變的，因時、因地制宜，明朝之間遷徙的情形時有發生。例如，嘉靖眞定府阜平縣學「舊在縣治西，洪武三年知縣□□□□□，天順四年（1460）知縣趙忠□□遷於縣治東。」〔註 31〕萬曆武清縣學「在縣治南，舊在白河西十七里邱家莊南。明洪武初，遷於縣治東北。嘉靖十六年（1537）知縣趙公輔始遷於今處，隆慶三年（1568）巡撫楊兆重建文廟，萬曆二年（1574）知縣李賁遷明倫堂於文廟西北。」〔註 32〕天順昌平州學「在州治東，本在舊治西，明天順三年（1459）與治俱徙。」〔註 33〕東安縣學因水患屢次遷徙，洪武三年（1370）才確定，直至清代：「在縣治西。唐開元間建學於耿就橋行市前。元中統四年（1263）改縣爲州升爲州學，至正二十三年（1363）因渾河水患移於州治東，明洪武二年改州爲縣又爲縣學，三年復因渾河水患隨縣遷於今地。」〔註 34〕成化順天府永清縣學遷建：「永清縣學在縣治西南，遼壽昌元年都哩軍都押司官蕭薩巴建，明洪武六年知縣盛本初、永樂六年知縣工居敬重修，成化四年知縣許健遷於南門內大街東。」〔註 35〕

　　綜上所述，明代北直隸廟學建築在數量和城市方位選址三個特點：

　　（1）都設立了儒學；（2）附郭縣城（或曰倚郭，是指與府州同城而治的縣）仍然獨立設置縣學，形成與州學或府學並存的兩套廟學，也就是在同一個城牆之內同時設立府學和縣學，例如永年縣依城附郭於廣平府，這一點和城隍廟不同，明初一般城市裏面只設一座城隍廟，只有明中後期才有例外；3）其方位以在府州縣治衙署的東南隅居多，偶而也有在西南（正德趙州儒學在縣治西南〔註 36〕，嘉靖高邑縣學在縣治西南〔註 37〕）、西北（嘉靖左廟右學的井陘縣學〔註 38〕、嘉靖定州學〔註 39〕）、東北方向（嘉靖清苑縣學）的。

　　後一種情形的解釋或許是廟學選址首推城市東南隅，如果地勢因素，或者東南方向已經被同居一城的上一級儒學選占或者預留等原因，不得已才選

〔註 31〕嘉靖《眞定府志》卷 15《學校》，第 28 頁。
〔註 32〕清文淵閣《四庫全書》版，《畿輔通志》卷二十八《學校》，第 16 頁。
〔註 33〕清文淵閣《四庫全書》版，《畿輔通志》卷二十八《學校》，第 17 頁。
〔註 34〕清文淵閣《四庫全書》版，《畿輔通志》卷二十八《學校》，第 15 頁。
〔註 35〕清文淵閣《四庫全書》版，《畿輔通志》卷二十八《學校》，第 14 頁。
〔註 36〕正德《趙州志》卷五《學校》，第 6 頁。
〔註 37〕嘉靖《眞定府志》卷 15《學校》，第 40 頁。
〔註 38〕嘉靖《眞定府志》卷 15《學校》，第 22 頁。
〔註 39〕嘉靖《眞定府志》卷 15《學校》，第 56 頁。

擇東北角，尤其是依城附郭的縣學。需要注意的是，這種選址方位，並不是
發生明代的選擇，很多是因襲前朝的舊址。如成化唐山縣學：

> 唐山縣為順德府屬邑，舊有廟學在縣治西數十步許，元至正三
> 年（1343）所建，累閱兵燹無復存者。國朝洪武初知縣劉安禮建學
> 於故基，尋壞。正統間典史潘譽募，諸富室捐金帛修之，輒復壞。
> 成化壬寅（1482）夏雨連日傾剝殆盡，山陰祁侯司員以進士來知縣
> 事，曰茲學敞且陋不足為教育地蓋更圖之，乃請於巡按御史閻公仲
> 字、知府范公英皆報許，而兵部郎中楊公繹奉命賑災亦以官貲助之，
> 而平定守禦千兵呂公俊輩及邑中義士耆老諸人何原等咸樂相助金
> 帛，侯乃屬其丞開公，宣簿李公麟及典史姜公瑄分領出納，暨教諭
> 王公錦、訓導胡公拱辰、鄭公晁輩皆相關事而躬督治焉。〔註40〕

又如，嘉靖棗強縣學「原在舊縣治前，金天會間移置縣東北。皇明洪武
中知縣李源清建文廟儒學，成化十八年知縣史英立科貢題名碑。弘治八年知
縣張環鼎新廟學齋廡。」〔註41〕嘉靖清苑縣「大寧都司學在縣治東南，正統
四年（1439）建。縣學在縣治東北，洪武八年（1375）建」〔註42〕；廣平府
學「在府治東南」〔註43〕，而同一城市的依城附郭永年縣學「永年縣學在縣
治西，淳化坊按學記。洪武初在城東北隅，甚隘陋，至十一年（1378）知縣
陸禮徙於此。」〔註44〕一般認為，城市東南方向在八卦之中屬於巽位，堪輿
師認為巽位主掌文運，對應文曲星，有利於科舉仕途。《易傳》曰：「巽為風，
風既相隨，無物不順。」

4.3.3　廟學建築

明代的廟學規制則涉及明代禮制的變化歷程。明洪武十五年之前，天下
還未通祀孔子，這在當時引起了宋濂、錢唐、徐程等人反對或議論。〔註45〕

〔註40〕成化《順德府志》卷八《唐山縣》，侍講學士李東陽撰，《重建文廟記》。此處
　　　引自，邢臺市地方志辦公室編，成化《順德府志》（明代兩朝三部珍本），重
　　　印本，非公開發行，2007：155～156頁。
〔註41〕嘉靖《真定府志》卷15《學校》，第60頁。
〔註42〕嘉靖《清遠縣治》第二卷《學校》，第30頁下。
〔註43〕嘉靖二十九年《廣平府志》，卷五《學校》，第1頁。
〔註44〕嘉靖二十九年《廣平府志》，卷五《學校》，第8頁。
〔註45〕錢唐，字惟明，象山人，博學敦行。洪武元年，舉明經，對策稱旨特授刑部
　　　尚書。二年詔孔廟春秋釋奠，止行於曲阜，天下不必通祀。錢唐伏闕上疏言：

洪武十五年，朱元璋下令天下通祀孔子，賜學糧，增師生廩膳。太祖對禮部尚書劉仲質說：「……今天下郡縣廟學並建，而報祀之禮，止行京師，豈非闕典？卿與儒臣其定釋奠禮儀，頒之天下學校，令以每歲春秋仲月通祀孔子。」〔註46〕洪武十七年（1384），又定有司釋菜儀，每月朔望，祭酒以下行釋菜禮，郡縣長以下詣學行香；二十六年（1393），頒大成樂於天下。大成殿的大規模興建或許在洪武十五年之後，廟學的建築空間形態開始趨於完整。

　　有別於洪武朝至正德朝的尊孔、普遍設立孔廟，大成殿自嘉靖朝改名為先師殿，孔廟的地位有所下降。嘉靖七年開始，地方廟學出現了「敬一亭」，形成了不同於孔廟建築組群的禮制教化層面的精神空間。敬一亭得名於明世宗作於嘉靖五年（1526）十月的《敬一箴》，他同時注解了宋儒范浚「心箴」和程頤視、聽、言、動四箴，頒賜大學士費宏等，並對「敬一」作了解釋，「夫敬者，存其心而不忽之謂也。元後敬，則不失天下；諸侯敬，則不失其身。禹曰，後克艱厥後，臣克艱厥臣……一者，純乎理而無雜之謂也。伊尹曰，德惟一，動罔不吉；德二三，動罔不凶。」〔註47〕從其中的字面意思看，敬一乃由程顥、程頤與朱熹「持敬」之學尋繹而出，世宗認為帝王以至士庶都要惟敬惟一，修身培德，行純王之道，可以致太平之治，亦即「內聖而外王」的道理。世宗還說「非特堯舜之治見於天下，而堯舜心法之秘、道統之傳固有在矣。」〔註48〕因此，嘉靖七年二月庚申「命工部建敬一亭於翰林院鐫御製敬一箴五箴注列置亭中，仍行兩京國子監及南北直隸十三省府州縣學一體，摹刻立石」，使天下人士服膺聖訓。《敬一箴》及其五箴注成了堯舜心法之秘傳，成了道統之所在，那麼天下學校所立敬一亭也就成為道統的象徵。

　　作為對照的情形是嘉靖九年大學士張璁根據明世宗旨意，擬出孔子祀典改制提案交禮部，會內閣、詹事府、翰林院諸臣議正：「人以聖人為至，聖人以孔子為至。宋真宗稱孔子為至聖，其意已備。今宜於孔子神位題至聖先師孔子，去其王號及大成、文宣之稱，改大成殿為先師廟，大成門為廟門。其

　　「孔子垂教萬世，天下共尊其教，故天下得通祀孔子，報本之禮不可廢。」
　　參見清文淵閣《四庫全書》版，《明史》卷一三九，第 1 頁：列傳第二十七，
　　錢唐傳。
〔註46〕朱元璋，寶訓，卷二，聖學 6，卷一，興學，張德信，洪武御製全書〔Z〕，
　　　　合肥：黃山書社，1995。
〔註47〕《明實錄・附錄》《明世宗寶訓》，第 253～265 頁。
〔註48〕陳經邦等，明世宗實錄，卷六九，嘉靖五年十月，臺北：中央研究院歷史語
　　　　言研究所，1962。

四配稱復聖顏子、宗聖曾子、述聖子思子、亞聖孟子。十哲以下凡及門弟子，皆稱先賢某子。左丘明以下，皆稱先儒某子，不復稱公侯伯。遵聖祖首定南京國子監規制，製木爲神主，仍擬大小尺寸，著爲定式。其塑像即令屛撤。春秋祭祀，遵國初舊制，十籩十豆。天下各學，八籩八豆。樂舞止六佾。」〔註49〕也就是說，嘉靖皇帝認爲稱孔子爲「至聖先師」已經足夠尊崇，取消了「大成」和「文宣王」的封號，並且將孔廟的大成殿改稱先師殿，大成門改稱廟門。

在時間上，敬一亭之建雖稍早於孔廟改制，但各地建敬一亭和孔廟改名改制基本是相輔而行，敬一亭之建改變了廟學空間，形成了不同於孔廟的空間形態。北直隸地方廟學建築中，孔廟與學宮的修建並不一定是同時的。有孔廟修建在先，儒學修建在後；亦有先有儒學、後建孔廟的情形，也有孔廟與儒學分處異地的記載，如清遠廟學在景泰三年（1452）才相鄰一地：「文廟舊在學東百步許，景泰三年知縣吳宗慶改建於學前。」〔註50〕

因此，政治因素影響了明代北直隸地方廟學建築的格局，使得明代廟學的發展呈現階段性特徵，主要的改變時間段是明洪武朝和明嘉靖朝。其一是洪武十五年（1382），朱元璋下令天下通祀孔子；其二是嘉靖七年（1528）開始，明世宗敕工部於翰林院蓋敬一亭，以垂永久，開啓了各地方興建敬一亭之濫觴，其三，嘉靖九年，詔各地方官學建啓聖祠，祭祀孔子父親，這些政治因素改變了廟學空間形態。

此外，自明代洪武朝定都南京、永樂朝遷都北京，這一時期北直隸始建的廟學數量卻不居首位，類似涉縣儒學「國朝洪武三年開設學校，縣丞吳得誠度地於縣治北門內創建」〔註51〕那樣創建於明代的廟學並不多，顯示北直隸廟學的發展已基本充分，沒有廟學的州縣所剩無幾，永年縣和元城縣這樣的依城附郭廟學也獨立興建。

4.3.4 平面形制

明代北直隸廟學基址平面布局大體上均有倣仿宋元之制的痕跡，其中府州縣廟學的平面布局與規制遵循一定的規制，與宋元基本一致，分三種情

〔註49〕 清文淵閣《四庫全書》版，《明史》卷五十，第 12 頁。
〔註50〕 嘉靖《清遠縣治》第二卷《學校》，第 31 頁。
〔註51〕 嘉靖《涉縣志》，學校，天一閣藏明代方志選刊續編（4），上海：上海書店，1993：185。

形：（1）一般爲孔廟在前，儒學在後，即前廟後學；（2）或者孔廟在左，儒學在右，以示尊崇，即左廟右學；（3）或者孔廟在右，儒學在左，即右廟左學。對於具體的北直隸地方廟學作考察，這種格局有時候也會變化和調整。（圖 4.5）

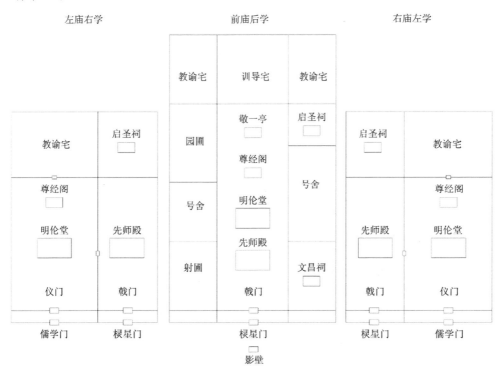

圖 4.5　明代北直隸文廟與儒學三種平面關係示意圖

（資料來源：自繪）

　　明代北直隸廟學主要分爲三部分：（1）以先師殿爲中心的文廟建築，（2）以明倫堂爲中心的儒學建築，（3）以及學齋、教諭宅、射圃等其他教學與生活輔助建築。

　　「廟」的部分設有先師殿（大成殿），立有孔子及前賢的塑像，還有鄉賢祠、名宦祠、戟門、欞星門等，這部分建築是用來祭祀先師孔子及舉行各種儀式的；「學」的部分設有泮池、明倫堂、尊經閣、講堂、號舍、饌堂、寢齋、庫房等，這部分建築是進行日常教學和師生居處之地。根據各地學校不同的條件，這兩部分的建築多寡不一，有的混雜在一起，有的則劃分得比較清楚。社學宋元時期已有，元代以 50 家爲一社，規定每社設立學校一所，但明代的

方志中卻少有社學始建於元代的記載。究其原因，元代的路府州縣尚未完全普及廟學，更何況每個鄉村裏社。

　　明代繼承了元代廟學祭鄉賢的傳統，明代廟學不僅建有鄉賢祠，還增加了名宦祠；洪武二年（1369），明太祖朱元璋下詔文廟附祭鄉賢名宦，也就是出身當地的有名官員。於是從明初開始，很多地方都建起了名宦祠，這是有別於元代廟學的特點之一。敬一亭和啓聖祠是象徵道統的建築，北直隸的地方廟學在嘉靖七年之後出現敬一亭，嘉靖九年（1530）出現啓聖祠，這是有別於元代廟學的特點之二。

　　明代北直隸文廟建築的平面規制情形一般是：先師殿（大成殿）居中，殿前有月臺，東西兩廡，殿南設戟門（儀門、大成門），戟門兩旁設置名宦祠和鄉賢祠，戟門之南爲泮池，泮池之南爲欞星門；欞星門前爲廟學街，東西設牌坊，欞星門前街之南設萬仞宮牆照壁，從而形成了以照壁、欞星門、泮池、戟門和先師殿爲軸線的三進院落。嘉靖九年之後，文廟還添設啓聖祠，一般置於先師殿東北；神廚、神庫、宰牲房等一般設置在欞星門內東西，或者因地制宜靈活配置。

　　嘉靖年間建啓聖祠的情形，地方志中多有記載。例如北直隸保定府的慶都縣學：「慶都縣學在縣治西北，並置無考，元至正十年修，明洪武九年北平按察司僉事徐淑名重修，弘治中知縣宋文、袁汝弼置祭器修學。嘉靖中知縣丁寶、熊右通建啓聖祠，修戟門、欞星門，知縣張弛修東西廡十五楹。」〔註52〕河間府學「在府治東南，元至元六年戶部侍郎萬嘉閭出守河間創建，總管蔡受益治中袁遵道增修。明洪武初重建……嘉靖十年建啓聖祠，又建敬一亭，內立《敬箴》及《注釋視聽言動心五箴》碑。」〔註53〕大名府學在府治東南「嘉靖七年……建啓聖祠。」〔註54〕清代雍正元年（1723）詔令改啓聖祠爲崇聖祠。〔註55〕

　　欞星門位於大成門以南，泮池一般設於欞星門以北。欞星門外有兩到三

〔註52〕 清文淵閣《四庫全書》版，《畿輔通志》卷二十八《學校》，第31頁。

〔註53〕 清文淵閣《四庫全書》版，《畿輔通志》卷二十八《學校》，第35頁。

〔註54〕 清文淵閣《四庫全書》版，《畿輔通志》卷二十八《學校》，第36頁。

〔註55〕 清文淵閣《四庫全書》版，《畿輔通志》卷十一《京師》，第25頁：「崇聖祠初名啓聖祠，雍正元年加封」；卷二十八《學校》，第4～5頁：「雍正元年皇上特發帑金遍加修葺廟貌維新，又奉旨追封先師孔子五代王爵，改啓聖祠爲崇聖。」

個牌坊，它們都是屬於文廟中的標表建築，與萬仞宮牆照壁、下馬碑一起，構成了文廟的前導空間。明代北直隸文廟作爲禮制建築，本身就是儒家與道統思想物化，集中承載了序、正、和的思想，總體布局規則方正，中軸對稱，主要建築物坐北朝南，建築單體也大體對稱，通過其空間位置、體量大小、裝飾和色彩、基址規模等的差異，形成主次分明、秩序井然的整體（圖 4.6）。

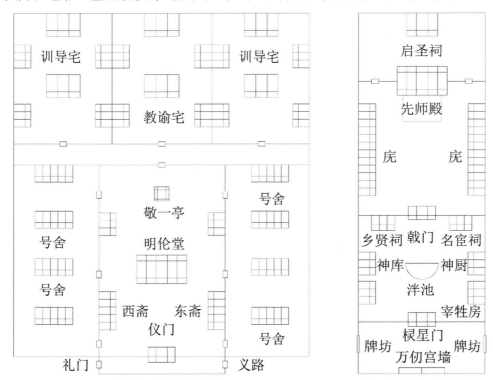

圖 4.6　明代北直隸儒學建築（左）與文廟建築（右）的一般形制示意

（資料來源：自繪）

明代北直隸儒學學宮建築的平面規制情形一般是：明倫堂居中，堂前設東西齋房，齋房設東西號舍，明倫堂前有禮門，堂後爲正官住宅——教諭宅，輔官住宅分設正官教諭宅之兩側，或者在東西號舍之後。從文獻上分析，學宮形制不像文廟那樣嚴格，它具有一定的靈活性，絕大多數學宮都有一條南北向的中軸線，布置儒學門、儀門、明倫堂、尊經閣等主要建築，其他的輔助生活建築則各地的具體情況安排。

如嘉靖霸州儒學爲前廟後學的格局，其建築組群進深與霸州治所衙署一致，中軸線兩側均衡地布置輔助建築。最南端是影壁，之北是欞星門，影壁

與櫺星門之間形成了第一個前導禮儀空間；往北是文廟的戟門，正對先師廟，左右分列東廡西廡。文廟之北是儒學的主體建築明倫堂，由於用地西側是治所衙署，所以儒學之門單設於文廟的東側，穿過入口甬道，折西而至先師廟。明倫堂東側設有興詩齋、成樂齋，西側設置立禮齋。立禮齋之南是會饌堂，堂前有小門夾道通向治所衙署的同知宅。中軸線上的明倫堂之北為尊經閣，最北端是敬一亭，明倫堂東北隅是啓聖祠，這也是通常布置啓聖祠的選址方位。依據嘉靖《霸州志》的描述，儒學中軸線之西是訓導宅和學政宅，圖上沒有繪製文廟的神廚和祭器庫，及已遭遇廢坏的儒學號舍和射圃。〔註56〕（圖4.7）

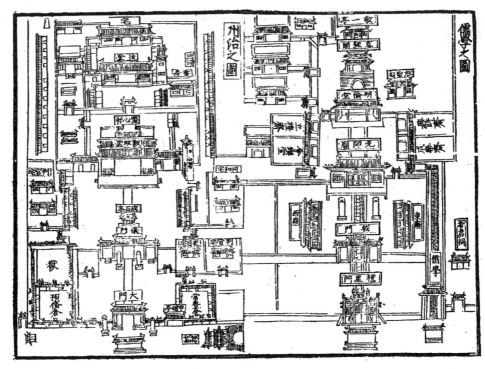

圖4.7　嘉靖霸州儒學

（資料來源：嘉靖《霸州志》）

廣平府學創建於洪武四年，是北直隸府學建築中具有一定代表性的。據嘉靖《廣平府志》記載：本府學在府治東南，其中先師廟七間，廟前東西廡各三十二間，戟門五間，櫺星門三座，戟門外泮池跨石橋三座。廟之北，敬

〔註56〕　嘉靖《霸州志》，《學校志》，第2頁。

一亭中豎碑，刻今上御製敬一箴，列豎六碑，刻聖諭及宸翰程範五箴。亭之後書樓，樓之下號舍三十八間，樓之北學官四區。廟之右明倫堂，堂之北後堂，堂之前，思誠、育英、進德、修業四齋，二門大門。廟之左啓聖祠，祠南宰牲亭。學之前二坊，坊原在府之巽隅，沒於污潦，金元移今地，創立後廢弛。國朝洪武四年知府吳文修建，其後屢有增葺。內有重修廟學碑，有名宦祠，有鄉賢祠，有進士題名碑。在府學西有翠英堂，有後堂，東西號房，有崇正書樓，東西廚房，二門大門。正德十三年知府張羽建。〔註57〕

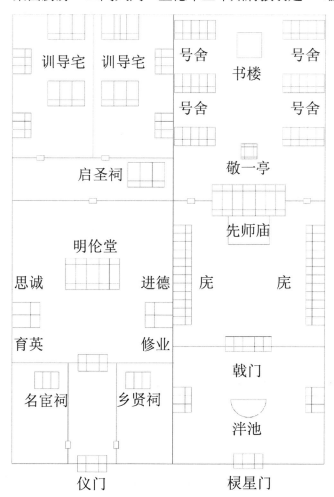

圖 4.8　左廟右學的嘉靖廣平府學平面格局示意圖

（資料來源：自繪）

〔註57〕嘉靖二十九年《廣平府志》，卷五《學校》，第 1～7 頁。

　　由於敬一亭是嘉靖九年之後添設的，儒學建築大多已經落成，如何安排敬一亭則成為一個問題，所以其位置視基地情形而定：（1）一般大多位於明倫堂之北，與尊經閣成為一組建築，如嘉靖霸州儒學，這種情形下，儒學以禮門、明倫堂、敬一亭、尊經閣、教諭宅形成三進院落，類似於文廟建築的院落格局；（2）敬一亭位於明倫堂之南的情形，如雄乘縣學敬一亭（圖 4.9）；（3）敬一亭位於廟門之南的情形，如嘉靖內黃縣學（圖 4.10 明嘉靖十六年 1533《內黃縣志》──學治之圖）；（4）敬一亭和儒學分開，如嘉靖威縣廟學（圖 4.11 嘉靖二十六年 1547《威縣志》──威縣廟學）等；（5）敬一亭也有移位改建的，如萬曆邢臺縣儒學「敬一亭舊在大成殿西，今移明倫堂北」。〔註58〕從上述圖中可以得知，並不是儒學都設置尊經閣的（圖 4.12）。

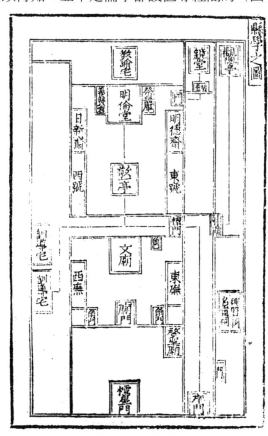

圖 4.9　雄乘縣學

（資料來源：嘉靖《雄乘縣志》）

〔註58〕萬曆《順德府志》卷一《建置志》，第 2 頁。

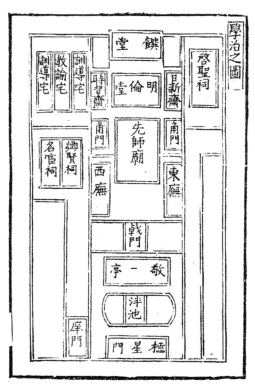

圖 4.10　內黃縣學（資料來源：嘉靖《內黃縣志》）

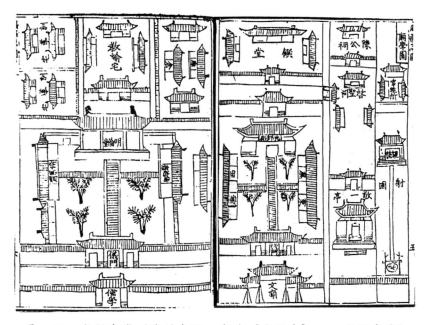

圖 4.11　威縣廟學（資料來源：嘉靖《威縣志》──威縣廟學）

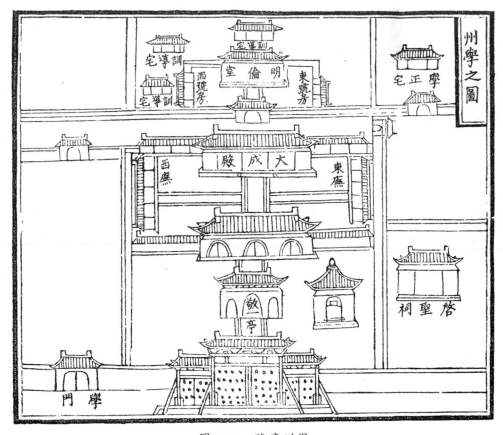

圖 4.12　隆慶州學

（資料來源：嘉靖《隆慶志》）

　　儒學還設有饌堂、學倉等建築，大多設於明倫堂東西兩側。明代儒學還設有射圃。洪武二年（1369），明廷頒佈學校規制中有：「學內設空闊地一所以為射圃」，「教學生習射，但遇朔望的日子要試演過，其有司官辦事閒時也與學官一體習射，若與有司官、學官不肯用心教學生習射的，定問他要罪過。」〔註 59〕這一詔令得到地方的響應，洪武初年許多廟學建起了射圃。射圃位於儒學周圍，前、後、左、右並無定規，其中建有觀德亭，或稱射亭、觀射亭，一般為三間。「每遇朔望，邑長貳率厥師生習射於其中，射必以耦而進，勝者賞，負者罰，周旋進退於威儀禮讓之間，觀者莫不贊之。」〔註 60〕這樣的景

〔註 59〕張林，《平山縣志料集》，見《石刻史料新編》（第三輯）24 卷，142 頁。

〔註 60〕楊世沅，《句容金石記》卷七《射圃記》，載於：《石刻史料新編》（第二輯）第 9 冊，第 6525 頁。

象只有在皇帝刻意強調，或地方官雅興所至的時候方可看見。禮、樂、射這些上古就有的禮制，只是儒家的理想境界，至明代中期之後，許多射圃都已廢棄。萬曆年間的永平府學仍然保留了射圃（圖 4.13）。

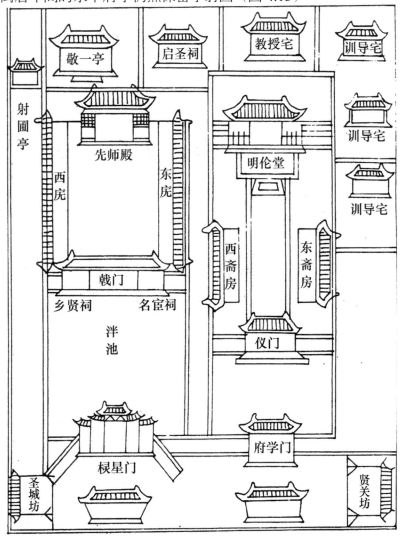

圖 4.13　永平府儒學

（資料來源：摹自明萬曆二十七年（1599）《永平府志》）

明代北直隸廟學主要在洪武朝和嘉靖朝有規制的變化，洪武朝創建和修建的廟學，如廣平縣學和邯鄲縣學是在洪武年間創建的；嘉靖朝又重建了大量廟學。下面主要以嘉靖年間的廣平府為例來觀察縣學的形制。

廣平府的永年縣學（前廟後學）：

　　永年縣學在縣治西，淳化坊按學記。洪武初在城東北隅，甚隘陋，至十一年（1378）知縣陸禮徙於此。正統八年（1443）典史王雲修葺。……嘉靖二十七年（1548），知府唐曜、同知牛沈慶暨知縣沈銓同事修葺。知府先師廟五間，廟前東西廡，各二十三間。戟門五間，欞星門一座，啓聖祠三間在戟門東。敬一亭三間在戟門東，明倫堂五間在大成殿後。日新齋五間明倫堂東，時習齋五間明倫堂西。書樓一座，三間，在明倫堂後。射圃亭一座，在明倫堂西，兩翼號房十間。教諭宅一所，訓導宅二所，俱在大成殿東。小學四所，在各四城門內，知府唐曜建。〔註61〕

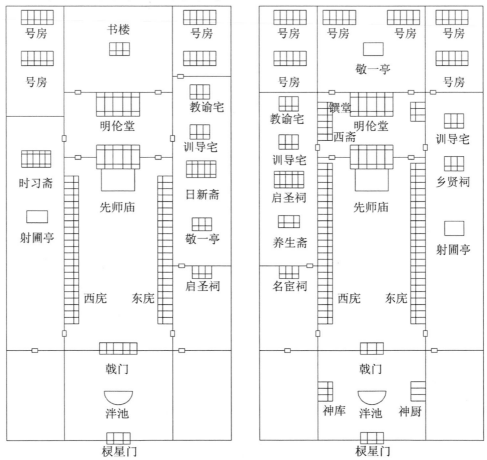

圖 4.14　永年縣學（左）和曲周縣儒學（右）（資料來源：自繪）

〔註61〕　嘉靖二十九年《廣平府志》，卷五《學校》，第8～9頁。

曲周縣儒學（前廟後學）：

　　曲周縣儒學在縣治東，金大定乙巳（1185）縣令張某建，朝散大夫靳子昭記。……國朝洪武二十七年（1394）知縣劉信重修。……（嘉靖）二十七年（1548）知縣方逢時新開東路，建聚英門一所，移置敬一亭於明倫堂後，勸貲修泮池一所，跨石橋三座於戟門之外。先師廟五間，廟前東西廡各二十五間，戟門前有泮池，欞星門、神廚三間，神庫三間，啓聖祠在明倫堂前西養生齋後。敬一亭在明倫堂後，明倫堂五間，兩齋各三間，堂在文廟後，齋在堂前東西。號房東西十六間，饌堂三間在明倫堂西，教諭宅在學西南，訓導宅一在學東南，一在學西南，射圃亭一座，在文廟東。名宦祠在明倫堂西南隅。鄉賢祠在明倫堂東南隅。社學在縣治西北隅。〔註62〕

肥鄉縣儒學（左廟右學）：

　　肥鄉縣儒學在縣治東南隅，創於宋天聖四年（1026），熙寧初知縣李某重建。……國朝洪武以來縣丞韓叔昭、主簿江傑、知縣錢朝鳳相繼修葺……嘉靖以來，知縣呂渭、秦鏜、趙廷瑞相與嗣焉。先師廟五間，廟前東西廡各三十間，戟門、欞星門、宰牲房、神廚、神庫各三間。啓聖祠在廟左後，三間。敬一亭在廟後。明倫堂五間，兩齋各五間，在文廟西，齋在堂前東西。號房三十間，在明倫堂東後，教諭宅在明倫堂西後，訓導宅一在明倫堂左，一在明倫堂右。射圃亭在啓聖廟東三間。名宦祠在明倫堂前左，鄉賢祠在明倫堂前右。社學一所在縣治西南。〔註63〕

雞澤縣儒學（前廟後學）：

　　雞澤縣儒學在縣治東，金安定〔註64〕間知縣高琢建。尚書左丞漳川董師中撰記。元因之。……國朝永樂以來，知縣宋鈗、倪英，典史張本相繼修葺。……嘉靖五年（1526）知縣張時啓增修兩廡，十一年（1532）知縣周文定備修，殿廡門亭祠堂號房之類皆新焉。教授張時亨有記。先師廟五間，廟前東西廡，各十二間，戟門欞星門。啓聖祠在文廟東，饌堂在明倫堂後，敬一亭在戟門前，明倫堂

〔註62〕　嘉靖二十九年《廣平府志》，卷五《學校》，第10頁上。
〔註63〕　嘉靖二十九年《廣平府志》，卷五《學校》，第11頁上。
〔註64〕　原文如此，應做「大定」。

五間，兩齋各五間，在文廟後，齋在堂前東西。文會號三間在明倫堂後，號房凡十一間在明倫堂東。教諭訓導宅俱在明倫堂西南。名宦祠在縣治東。鄉賢祠在縣治東。〔註65〕

廣平縣儒學（左廟右學）：

廣平縣儒學在縣治東南，元以前不可考。國朝洪武三年（1370）知縣高立建，永樂以來知縣李昉、何琮繼修。弘治十五年（1502）知縣顧璘改建明倫堂於學西空地，以舊明倫堂為饌堂而規模崇飭焉。提學副使陳鎬撰記。

節文曰：廣平縣儒學規址隘陋，歲久滋敝。弘治辛酉（1501）金陵顧君華玉以丙辰（1496）進士來知廣平縣事，未幾邑政畢，舉物情翕然，乃鳩工庀材，委訓導智隆以董其事，相學之西隙地夾愷，創建明倫堂，傍為倉庫，翼以兩齋，齋之南各為號為茶房，正南為儀門為大門，屋以間計者凡四十有八，大成殿乃前知縣吳君應麟所創，並兩廡兩門則皆因舊而增新之，以至肄射之圃。教官之宅煥然一新，新舊地以丈計者，其修八十、其廣二十有五，其外環以崇垣。癸亥（1503）夏，工以成。

先師廟五間，廟前東西廡各十六間，戟門，前有泮池，欞星門。啟聖祠在先師廟前，宰牲房。敬一亭，在泮池前。明倫堂三間，兩齋各五間，堂在文廟西，齋在堂前東西。庫倉房在堂左右，各二間。號房，東西各十五間，今廢。教諭訓導宅，俱在明倫堂後。射圃亭三間在啟聖祠東，今廢。名宦祠，舊在城隍廟側，今議徙學宮內。鄉賢祠，舊在城隍廟側，今議徙學宮內。社學一所，在察院前。〔註66〕

邯鄲縣儒學（前廟後學）：

邯鄲縣儒學在縣治西宣化坊，元以前不可考。國朝洪武初，在縣治東南，地勢卑濕，五年（1372）縣丞王成徙於今地，永樂以來知縣鹿琇、史善、董策相繼修葺。成化五年（1469）劉翀重修，學士華亭錢溥撰記。正德六年（1511）知縣張偉備修，十五年（1520）知縣劉維岳建神廚名宦鄉賢祠。

〔註65〕 嘉靖二十九年《廣平府志》，卷五《學校》，第12頁上。
〔註66〕 嘉靖二十九年《廣平府志》，卷五《學校》，第12下～13頁下。

先師廟五間，廟前東西廡各九間，戟門，欞星門。啓聖祠在廟
東南。敬一亭在戟門前，明倫堂五間，兩齋各五間，堂在文廟後，
齋在堂前東西，號房前後二所，在明倫堂左。講堂三間在後，號前。
饌堂在舊明倫堂後，今已廢。教諭宅在明倫堂西，訓導宅俱在西廡
後。射圃亭在察院南，有觀德亭三間今已廢。名宦祠在戟門東，鄉
賢祠在戟門西。〔註67〕

成安縣儒學（左廟右學）：

成安縣儒學在縣治東南，元至順二年（1331），知縣牛天章建，
元末毀於兵燹。國朝洪武三年（1370）知縣彭子閏重建，正統以來
知縣張雲、韓溫相繼重修。成化四年（1468）知縣劉堯備修，國子
丞莆田林大猷記。正德四年（1509）知縣阮吉修明倫堂，十二年（1517）
知縣李霆修齋號饌堂，十五年（1520）知縣馮傑建名宦祠鄉賢祠。
今先師廟五間，廟前東西廡各十四間，戟門、欞星門。啓聖祠在明
倫堂前二門外西。宰牲房、神廚各五間今廢。神庫五間。敬一亭在
明倫堂前，近議欲移開夾之地。明倫堂五間，兩齋各五間，堂在文
廟西。饌堂三間，號房東西各十六間，教諭訓導宅俱在明倫堂後，
射圃亭三間今廢。名宦祠在二門外，鄉賢祠在二門西。〔註68〕

威縣儒學（左廟右學）：

威縣儒學在縣治東，今廢。本宋宗城縣地，宋政和三年（1113）
通直郎牛直修宗城縣學。……元季悉毀於兵燹，惟萬卷書樓存焉。
國朝洪武八年（1375）知縣袁師孟建，……嘉靖十一年（1532）知
縣高自卑重修。先師廟五間，廟前東西廡各七間。戟門三間，欞星
門三間。啓聖祠三間在文廟東。敬一亭三間在文廟東南。明倫堂五
間，兩齋各五間，堂在文廟西，齋在堂前東西。饌堂五間，號房二
十間，外號房五間。萬卷書樓五間，今廢。教諭宅在學後。訓導宅
在學西，今廢其一。射圃亭三間。名宦祠在啓聖祠左。鄉賢祠在啓
聖祠右。〔註69〕

〔註67〕　嘉靖二十九年《廣平府志》，卷五《學校》，第14頁。
〔註68〕　嘉靖二十九年《廣平府志》，卷五《學校》，第15頁。
〔註69〕　嘉靖二十九年《廣平府志》，卷五《學校》，第18頁。另參見嘉靖二十六年（1547）
　　　　《威縣志》卷五《學校》，第3～8頁：「文廟儒學，宋元祐間在鵰川，崇寧四
　　　　年（1105）避河之衝遷郜固，時隸大名府宗城縣。政和三年（1113）令牛直

清河縣儒學：

> 清河縣儒學在縣治東南，金居譙門之西以避水患，大定中知縣
> 劉惠始創，翰林琅琊王堪記。國朝洪武八年（1375）重建。永樂十
> 三年（1415）重修，弘治三年（1490）林□備修。正德改元（1506）
> 知縣許諫葺修，十五年（1502）訓導□珏苦地勢涔下，改徙欞星門。
> 嘉靖八年（1529）知縣王絃葺修。有太僕寺孫緒記，二十二年（1543）
> 知縣虞汝翼重修，有大理寺評事李僅可記。先師廟五間，廟前東西
> 廡各十間，戟門、欞星門。啓聖祠在明倫堂東，知縣羅釧創。敬一
> 亭舊在戟門前，知縣虞汝翼改建於東廡之東。明倫堂五間，兩齋各
> 五間，堂在文廟後，齋在堂前東西，俱知縣虞汝翼重修。號房十間
> 在明倫堂後。教諭訓導宅俱在號房後。名宦祠在敬一亭後。鄉賢祠
> 在敬一亭後。〔註70〕

4.3.5　基址規模

明代北直隸許多廟學的具體基址規模在方志中語焉不詳，尚不清楚是否
按照府州縣的等級變化，有待進一步研究。廟學建築的基址規模會發生變化，
方志中多是後代屢次修建的情形。需要注意的是，這裡的基址規模僅指廟學
建築本身，並沒有納入學田，通常學田與廟學不在一處，如嘉靖霸州府學的
學田與廟學：「贍學地二頃四十畝，在州城北隅，東至民地，北至古堤，南至
城河，西至官地，見儒學碑記。城傍地一頃三十四畝，副使周公復俊給學正、
訓導各種，永為定業。」〔註71〕

如嘉靖武安縣學曾經拓展：

> 儒學在縣治東南隅，金天會間規模卑隘。成化二十年（1484）
> 知縣李永昂拓之，加廣於舊二百餘步，袤三十餘步，明倫堂、齋號、
> 饌堂、門齋、倉庫、自禮殿以至各加葺理。底於煥新。射圃在敬一
> 亭左。社學有九所在南關，餘在各里。〔註72〕

> 侯寔肇造之。……金正隆元年（1156）縣丞趙居道、主簿高元詣漕司請邑東
> 南隅故郵驛肇建。太和間改洺水，縣學因舊。元至元初徙井陘縣，威州治於
> 洺水，學因隸州，知州董守思、同知蕭伯顏相繼重修。……季年學宮悉毀於
> 兵，惟萬卷書樓存焉。皇朝洪武八年（1375）知縣袁師孟建。」

〔註70〕　嘉靖二十九年《廣平府志》，卷五《學校》，第18～19頁。
〔註71〕　嘉靖《霸州志》，《學校志》，第2頁。
〔註72〕　嘉靖《武安縣志》卷二《學校》，第1頁。

　　州學、縣學爲一州、縣之學府。明代規定縣學生員人數爲 20 人，但後期往往嚴重超員。州學、縣學一般是州、縣城中規模僅次於衙署的建築群，規制嚴謹。

4.3.6　院落朝向

　　廟學的朝向一般爲坐北朝南，北直隷還有東向的儒學，這種情形曾經少量地出現在宋代〔註 73〕，如順德府學在明天順朝之前爲儒學東向，並且天順三年（1459）之後，平面布局由右廟左學改作前廟後學：

　　　　儒學府治西北，金節度使班子成重修。天順三年知府楊浩改修，初學坐文廟左，門東向，浩改廟後，門南向。成化間郡人吏部尚書崔恭助貲，與通判李觀重構明倫堂四齋，知府林恭增號舍。嘉靖七年（1528）知府於桂重修，十四年（1535）知府孫錦重修，闢學西門。都御史郡人朱裳記。萬曆十一年（1583），知府王守誠重建。周圍起牆凡五百二十步，高一丈二尺，厚三尺，中間堂閣齋號門坊臺壁一一嶄新。記見藝文。明倫堂，大成殿後，知府王守誠重修，增廓門樓，仍以磚石砌，堂皆甬道丹墀。敬一亭，嘉靖十一年（1532）詔建，在大成殿後，知府王守誠改建，尊經閣前。尊經閣，敬一亭後，知府郭紝建，藏頒降制書並郡人府尹王震送書千餘卷，知府王守誠重建。奎樓，學門前東南隅，知府王守誠建。〔註74〕

　　也有前廟後學改作左廟右學的例子，如天順朝眞定縣學：

　　　　眞定縣學在縣治西北，洪武七年眞定知縣洪子祥創建，前廟後學；天順六年（1462），巡按御史盧秩遷廟居左學居右。……成化十二年（1476）知府田濟以學移前數丈重建明倫堂東西二齋號舍。〔註75〕

　　又如洪武朝河間府獻縣學：

　　　　獻縣儒學在縣治西，元至元九年，知州郭時敏重修。洪武九年，知縣韓廷咸改建，時爲州本學教諭儲琁遷明倫堂東西齋於文廟之

〔註73〕　如興國軍學和吉州州學就一度東向。參見王質《雪山集》卷六，《興國軍學記》，載於：清文淵閣《四庫全書》版第 1149 冊，第 397 頁。周必大《文中集》卷二十八《吉州改修學記》，載於：清文淵閣《四庫全書》版第 1147 冊，第 308 頁。
〔註74〕　萬曆十一年《順德府志》卷一《建置志》，第 1 頁下。
〔註75〕　〔明〕唐臣，雷禮纂修，嘉靖《眞定府志》卷 15《學校》第 15～16 頁。《四庫全書》存目叢書史部第 192 冊，濟南：齊魯書社，1996：192～193。

西。〔註76〕

正德十年眞定府井陘縣學：〔註77〕

> 井陘縣學在縣治西北，金明昌二年（1191）創建，元至正丙申
> （1356）知縣崔克新重修殿廡……皇明景泰五年（1454）知縣陳璘
> 重修，正德十年（1515）監生高紳率眾遷改左廟右學而堂齋號舍悉
> 備。

4.3.7　規制等級

府州縣的廟學是有等級區別的。其中主要體現在先師殿與明倫堂、戟門
的開間，以及廟學的基址規模。一般情形下，如果府學比州學、縣學的規制
高一級，如先師廟、明倫堂爲七間、戟門五間，則州縣降一級爲五間和三間。
例如均爲左廟右學的嘉靖廣平府學和威縣儒學：

> 先師殿五間……戟門三間……明倫堂五間。〔註78〕

例如正德大名府學：

> 大成殿五間，東西廡各十二間，戟門三間，欞星門三座，神庫、
> 神廚、宰牲房各三間。泮池有橋。毓秀坊。儒學門三間，明倫堂三
> 間，進德齋、修業齋、時習齋各三間，號房東西各十六間。饌堂七
> 間，廚五間，角門二座。題名石一通。……射圃在學西，中有觀德
> 亭三間。〔註79〕

而依城附郭大名府的元城縣儒學在單體建築形制的等級上降了一級：

> 元在舊城積善坊，國初因之。三十四年沒於水，明年八月知縣
> 趙玉徙建新城在縣治西北隅。……明倫堂三間，進德齋、修業齋東
> 西各五間，號房東西各十二間，庫東西各三間，儒學門三間，題名
> 石一通，射圃在學西。社學一所在端智門內。〔註80〕

正德大名縣儒學則和大名府學在單體建築形制的等級幾乎相同：

> 大成殿五間，東西廡各十二間，戟門三間，欞星門三座，神庫
> 宰牲房各三間。明倫堂三間，日新齋、時習齋各三間，號房東西各

〔註76〕 嘉靖《河間府志》卷五《宮室志·學校》第 7 頁。
〔註77〕 嘉靖《眞定府志》卷 15《學校》第 22 頁。
〔註78〕 嘉靖《威縣志》卷五《學校》，第 11～18 頁。
〔註79〕 正德《大名府志》卷五《學校》，第 6 頁。
〔註80〕 正德《大名府志》卷五《學校》，第 8 頁。

十間，饌堂三間，儒學門三間，射圃在學前。〔註81〕

當時大名府所轄的清豐縣、內黃縣、浚縣、滑縣、開州、長垣縣、東明縣儒學大體與大名縣相仿。〔註82〕由此可見，這個等級制度是存在的，但執行得並不是很嚴格。

4.3.8　社學與衛所學

洪武八年（1375），命天下皆立社學〔註83〕，詔書曰：「昔成周之世，家有塾，黨有庠，故民無不知學，是以教化行而風俗美。今京師及郡縣皆有學，而鄉社之民未睹教化，宜令有司更置社學，延師儒，以教民間子弟，庶可導民善俗也。」於是，普及學校教育至鄉村。洪武十三年（1380），因「府州縣官不才，酷吏害民無厭。社學一設，官吏一位營生」，將社學「一時住罷」。〔註84〕洪武十六年（1383），復詔民間立社學，有司不得干預，確立民間主導辦社學。洪武二十年（1387），令民間子弟讀《御製大誥》，後來令為師者率其徒能誦大誥者赴京禮部，較其所誦多寡，次第給賞。〔註85〕

洪武年間各地確實曾經遵照朝廷詔令普遍建立社學，每縣一般有數十所。但洪武以後，大量社學荒廢，數量急劇減少。正統二年，河南布政司李昌祺言：「城市鄉村舊時俱有社學，今年廢弛。即令各按察使司添設僉事，專督學政，乞令府州縣正官量所轄人戶多寡，創修社學，延師訓之。」〔註86〕正統以後朝廷雖然屢次敕令提學及府州縣正官修舉社學，在一些地方也曾有過復興的跡象，但興而復費，時飛時興，極不穩定，再也沒有恢復到洪武年間的水平。從現存明中後期的北直隸方志來看，平均每縣僅餘社學數所，且其中有兩三所點綴於城中，廣大鄉間寥寥無幾，其建築形態幾乎無從考證。

明代北直隸都司衛所學的興建肇始於宣德七年（1432），而且僅有萬全都司學，即察哈爾萬全縣學一所規制。大規模的興建始於正統朝，如而萬全左

〔註81〕正德《大名府志》卷五《學校》，第 11 頁。
〔註82〕正德《大名府志》卷五《學校》，第 12～28 頁。
〔註83〕胡廣等纂修，明太祖實錄，卷九六，洪武八年正月丁亥條，臺北：中央研究院歷史語言研究所校印本，1962：1655。
〔註84〕《御製大誥》，社學第四四。
〔註85〕清文淵閣《四庫全書》版，《明會典》卷七六，社學，第 21 頁。
〔註86〕清文淵閣《四庫全書》版，俞汝楫，《禮部志稿》卷四五，第 2 頁。

衛學、萬全右衛學、懷安衛學、懷來衛學、開平衛學均在正統八年創建於衛治東。〔註87〕

　　衛所學的平面規制倣仿府、州、縣儒學，校舍有廟有學，設有泮池、欞星門、大成殿、明倫堂、文廟、教官宅、學齋等。例如弘治年間的北直隸山海衛儒學：

　　　　在衛治西，正統七年（1442）創建。東西廡各五間，戟門三間，欞星門三間，號舍東西各六間，教官宅一所，觀德廳一所。額設訓導一員。〔註88〕

　　山海衛儒學的規制並不是一步到位的，反映了衛所學受制於諸多條件的一個側面。李東陽《重修山海衛學記》詳盡記載了其幾十年間的修建始末，是難得的衛所儒學資料：

　　　　國朝建學，惟府州縣有之。越自正統改元之初，詔諸戎衛始得置學，而山海衛學實興建焉。然廟地湫隘，且規制弗稱。十有四年（1499），都指揮王侯整鎮山海，始與衛學教授張恭建廟設像，構明倫堂五間，東西宅各三間，餘尚未備也。天順六年（1462），指揮劉侯剛復構東西廡五間，學舍六間。成化七年（1471），兵部主事睢陽尚君綱來守山海，建欞星門及製祭器若干。厥後餘姚胡君贊別築殿址，遂昌吳君志、餘干蘇君章繼作棟宇，爲戟門於欞星門之內。進賢熊君祿重修學堂，外爲周垣、爲泮池，池上爲橋。今尚君弟縉復以主事來守，乃修齋舍，築官廨，闢射圃，規制悉備，與所謂府州縣學者相垺。蓋始於甲午（1474）之夏，告成於丙午（1486）之春，歷十有二年，而後備可謂難矣。〔註89〕

　　萬曆年間的山海衛儒學：

〔註87〕 清文淵閣《四庫全書》版，《明一統志》卷五，第31頁：「萬全都司學在城內東南，宣德七年建。」

〔註88〕 吳傑修，張廷綱，吳祺纂，弘治《永平府志》卷五，兵制。引自董耀會主編，秦皇島歷代志書校注：永平府志（明・弘治十四年），北京：中國審計出版社，2001：66。另參見《明一統志》卷五第7頁：山海衛學，在衛城西正統七年建。

〔註89〕 弘治《永平府志》卷十，集文，李東陽，《重修山海衛學記》。董耀會主編，秦皇島歷代志書校注：永平府志（明・弘治十四年），北京：中國審計出版社，2001：209。

在衛治西北，正統十七年（1452）建。〔註90〕文廟，在明倫堂前，指揮王整、教授張恭同學創始。天順指揮劉剛重修。成化司關主事尚綱、胡贊、吳志、蘇□□、尚緝相機增修。嘉靖主事黃景夔復修，□□□置學田，濬泮池。……社學，舊學基在城東南隅。〔註91〕

4.5　經費籌措

作爲地方社會的重要公共事務之一，廟學的修建歷來是地方官員的一項要務，也爲地方鄉紳所支持。明代北直隸廟學的修建歷程，一方面折射了明代廟學的格局變遷，另一方面，也部分地反映了王朝教化與禮儀體系，以及明代地方官員和士紳在地方公共事務中的角色定位和轉型。明代地方教育經費的籌措來源有二，一是賦稅和公餘，二是官民的私人捐助。而國子監這樣的國家學府的修繕則是國庫支出，如嘉靖二十六年四月甲午「命修兩京國子監學舍」。〔註92〕

4.5.1　賦役

洪武十五年（1382 年），朝廷規定各府州縣均設學田，以其租米入學宮，府學一千石，州學八百石，縣學六百石。但此種以官田爲學田專項撥糧的方法似乎只行於洪武年間，據萬曆《嘉定縣志》卷五《田賦》記載，洪武二十四年（1391 年）該縣賦額中有撥儒學糧六百石，而至永樂十年（1412 年）已無撥儒學糧一項。隨著官田私有化進程的加速和賦役制度的變遷，各地的田賦留存和徭役編派成爲明代地方學校辦學的主要經費來源。〔註93〕根據地方志的記載，明代府州縣教官與生員的奉廩一般取自田賦中的存留部分。嘉靖《河間府志》卷 9《典禮志》記載了學校和科舉考試的開支漸漸擴大，不難想像這些禮儀賀典的開支是一可觀的數目：

生員應試有司禮送至京。舉人報捷樹棋送捷報牌，備禮以待焉。

〔註90〕疑是正統七年之筆誤。

〔註91〕徐準修，涂國柱纂，萬曆二十七年（1599）《永平府志》卷二，建置志，公署。董耀會主編，秦皇島歷代志書校注：永平府志（明·萬曆二十七年），北京：中國審計出版社，2001：30。

〔註92〕陳經邦等，明世宗實錄，卷三二二，嘉靖二十六年四月甲午條，臺北：中央研究院歷史語言研究所，1962：5977。

〔註93〕趙子富，明代學校與科舉制度研究〔M〕，北京：北京燕山出版社，2008：72～74。

郊迎有司具傘蓋，率金鼓騎隊清道結綵，行禮如常儀。釋菜至學成
禮而退。赴宴吏報，酒饌，童子歌鹿鳴諸詩，成禮而退歸。第導如
來儀。會試如應試禮少隆。進士加隆，貢生次之其年例照舊。以上
郡縣皆同。會宴州、縣舉人詣本府，府遣夫馬備禮迎於郊外，府堂
宴飲如常儀。〔註94〕

4.5.2 捐助

　　明代地方政府的部分賦役構成了地方學校經費的主體，但是並不能完全
滿足辦學的經費所需，如支付較大規模的修繕經費。又如，明代地方學校的
生員中除廩膳生員外，大部分均無廩糧待遇，而其中貧寒諸生往往有衣食之
慮。

　　明代各地方並沒有忽視學校的設置，因為就一方而言，學校的作用不僅
是所謂的「陶鑄英才」，為朝廷養士，而且還與該地的士風民俗密切相關，從
某種意義上說是一方德化與文教事業的象徵。明人崔廷槐在其所作《平度州
修學記》即云平度州「自有學校以來，廟舍廢治靡常，而人文所產，恆因之
以勝衰。」〔註95〕學校的改建修繕在古代中國歷來被視為積善之舉，這使得
廟學建築和設施不斷地得到修整與完善，我們不難從地方志的諸多重修廟學
記文中看出這一點，明代北直隸也不例外。

　　雖然朝廷多次督促地方官員留心學政，但效果往往差強人意。正統年間
已是「近年以來守令或非其人，經年不為點閱。朔望謁廟，禮畢輒散。雖有
風憲官提調而里遠，或一年一至，或半年一至，來則生員蹈襲陳言以圖僥倖，
去則廢弛如故，略無忌憚。」〔註96〕成化二年（1466），禮部尚書姚夔言：「各
處府州縣官中，其留意學校者固多，而漫不加省者不少。差役不如例優免，
廩膳不如法供給，學舍不加修理，廟祀不加明潔。朔望行香，升堂而退，生
徒勤惰，略不究心。教官奉承者禮貌，違忤者折辱。以至學校不興，人才難
就。」〔註97〕其中的原因固然有地方官員忽視學政、疏於管理的一面，也存
在一定的客觀因素。地方官員集各種職責於一身，祀典、禮儀、刑名、錢穀、
迎往送來已然耗費了其絕大部分時間和精力，因而不可能再對學校的管理投

〔註94〕　嘉靖《河間府志》卷9《典禮志》，第6～7頁。
〔註95〕　萬曆《萊州府志》卷8《藝文》下《欠事崔廷槐平度州修學記》。
〔註96〕　清文淵閣版，俞汝楫，《禮部志稿》卷七十，《學校責提調》，第24頁。
〔註97〕　清文淵閣版，俞汝楫，《禮部志稿》卷七十，《修明學政十事》，第29頁。

入太多；況且朝廷設有專門的教職管理地方的府州縣學，正統以後又設立提學官針對府州縣學進行提調，地方官員對官方的廟學不免流於形式。另外，上級對於地方官員的管理考核，刑名、錢穀等都是緊要之事，興學的成果則難以在考核中具體體現，多數地方官員對學校事務的敷衍應付也就是自然的事情了。

4.6　小結

　　洪武元年至弘治四年的 124 年間，北直隸的廟學全部落成。一般說來，廟學選址首推城市或治所衙署的東南隅，但廟學的選址也並非一成不變。附郭縣城仍然獨立設置縣學，形成與州學或府學並存的兩套廟學。而這種選址方位，有些並不是發生在明代的選擇，很多是因襲前朝的舊址。

　　明代北直隸廟學規制也是明代禮制變化歷程的反映，政治因素影響了明代北直隸地方廟學建築的格局，使得明代廟學的發展呈現階段性特徵，主要的改變時間段是明洪武朝和明嘉靖朝。其一是洪武十五年（1382），朱元璋下令天下通祀孔子；其二是嘉靖七年（1528）開始，明世宗敕工部於翰林院蓋敬一亭，以垂永久，開啓了各地方興建敬一亭之濫觴，其三，嘉靖九年，詔各地方官學建啓聖祠，祭祀孔子父親，大成殿自此改名爲先師殿，這些政治因素改變了廟學空間形態。

　　明代北直隸廟學基址平面布局分三種情形：前廟後學、左廟右學與右廟左學；主要分爲三部分：（1）以先師殿爲中心的文廟建築，（2）以明倫堂爲中心的儒學建築，（3）以及學齋、教諭宅、射圃等其他教學與生活輔助建築。府州縣的廟學是有等級區別的。其中主要體現在先師殿與明倫堂、戟門的開間，以及廟學的基址規模。一般情形下，如果府學比州學、縣學的規制高一級，如先師廟、明倫堂爲七間、戟門五間，則州縣降一級爲五間和三間。